Coleção Wilson Figueiredo, Volume III

Os Mineiros
modernistas, sucessores & avulsos

Textos sobre: Carlos Drummond de Andrade, Afonso Arinos, Pedro Nava, Paulo Mendes Campos, Otto Lara Resende, Fernando Sabino, Hélio Pellegrino, Autran Dourado, Octávio Alvarenga, Carlos Castello Branco, José Maria Alkmim, Orlando Carvalho, José Maria Rabêlo, Marco Antônio Tavares Coelho e José Aparecido de Oliveira

Wilson Figueiredo

Organização, pesquisa e edição
Vanuza Moreira Braga

GRYPHUS

Rio de Janeiro

Organização, pesquisa, edição, verbetes e notas
Vanuza Moreira Braga

Capa e editoração eletrônica
Rejane Megale

Revisão
Maria Helena da Silva

Foto de capa
Igreja de São Francisco de Assis, Conjunto Arquitetônico da Pampulha, Belo Horizonte
Acervo do Museu Histórico Abílio Barreto/FMC

Foto de 4ª capa
Da esquerda para a direita: Wilson Figueiredo, Otto Lara Resende, Helena Valadares, Fernando Sabino e Hélio Pellegrino, na Avenida Afonso Pena, em frente à Igreja de São José, em Belo Horizonte, onde Wilson foi batizado. 1944. Acervo do autor.

Adequado ao novo acordo ortográfico da língua portuguesa

CIP-BRASIL. CATALOGAÇÃO-NA-FONTE
SINDICATO NACIONAL DOS EDITORES DE LIVROS, RJ

F493m

Figueiredo, Wilson, 1924-
Os mineiros : modernistas, sucessores & avulsos / Wilson Figueiredo ; organização, pesquisa, edição, verbetes e notas Vanuza Moreira Braga. - 1. ed. - Rio de Janeiro : Gryphus, 2018.
220 p. ; 1421 cm. (Wilson figueiredo ; 3)

"Textos sobre: Carlos Drummond de Andrade, Afonso Arinos, Pedro Nava, Paulo Mendes Campos, Otto Lara Resende, Fernando Sabino, Hélio Pellegrino, Autran Dourado, Octávio Alvarenga, Carlos Castello Braco, José Maria Alkimim, Orlando Carvalho, José Maria Rabêlo, Marco Antônio Tavares Coelho e José Aparecido de Oliveira"
ISBN 978-85-8311-118-4

1. Escritores brasileiros - Minas Gerais - Entrevistas. 2. Escritores brasileiros - Minas Gerais - História e crítica. I. Braga, Vanuza. II. Título. III. Série.

18-50738 CDD: 928.69
CDU: 929:821.134(81)

GRYPHUS EDITORA
Rua Major Rubens Vaz 456 — Gávea — 22470-070
Rio de Janeiro — RJ — Tel.: (0XX21) 2533-2508 / 2533-0952
www.gryphus.com.br — e-mail: gryphus@gryphus.com.br

A Maria de Lourdes Salles Coelho e Regina Bilac Pinto
(duas mineiras da gema)

SUMÁRIO

SUCESSORES

AVULSOS

INTRODUÇÃO

Esta coletânea reúne 22 textos de autoria de Wilson Figueiredo, publicados em jornais, revistas e livros entre 1952 e 2010. "Mineiro do litoral", ensaio que abre o livro, foi escrito especialmente para *E a vida continua*: a trajetória profissional de Wilson Figueiredo", publicado em 2011 pela FSB Comunicação, em homenagem ao aniversário de 90 anos do autor. Nesse primeiro texto, Wilson traça o roteiro de sua "mineiridade" – a dos nascidos fora de Minas Gerais –, categoria atribuída a San Tiago Dantas.

Nascido em Castelo, no Espírito Santo, mudou-se para Minas aos 6 meses de idade, e por conta da profissão do pai, médico e sanitarista, viveu em várias cidades do interior entre o final da década de 1920 e ao longo da década de 1930. Saiu de casa aos 17 anos para uma transformadora temporada em um internato ginasial, em Orlândia-SP. Dois anos depois, em 1943, foi "cheio de literatura começar a vida adulta em Belo Horizonte". Trocou a Medicina pelas letras neolatinas.

Organizamos os demais textos em quatro partes que dão sequência e profundidade a essa história: a de ondas de mineiros, os nascidos em Belo Horizonte e os vindos do interior que, tendo feito o rito de passagem na capital mineira, seguiram, um a um, a vocação inescapável daquele tempo: o Rio de Janeiro.

Em *Belô*, reunimos três textos que oferecem ao leitor uma ideia do clima cultural, literário e boêmio de Belo Horizonte nos anos de 1940, época em que Wilson e seus companheiros circulavam entre as Faculdades de Filosofia, Direito, Medicina, a escolinha de Guignard, a leiteria Nova Celeste, os grêmios literários, a política clandestina e a zona boêmia, onde reinavam o Montanhês e o Hotel Maravilhoso, palco da lendária Hilda Furação, imortalizada por Roberto Drummond.

Em *Modernistas* trazemos três entrevistas realizadas pelo autor ao longo de quase 30 anos. A primeira delas, com Altivo Drummond de Andrade, advogado e irmão do poeta, já consagrado àquela altura, foi feita ainda em Belo Horizonte, em 1952, quando Wilson era da Folha de Minas, às vésperas do cinquentenário de Carlos Drummond de Andrade. A entrevista que ficou restrita durante mais de seis décadas é permeada por histórias da infância e da vida familiar do autor de "sentimento do mundo". A entrevista seguinte é com Afonso Arinos de Melo Franco, realizada no Rio de Janeiro, em 1965, pela passagem de seus 60 anos. Nela, além de percorrer a trajetória de um dos responsáveis pela elaboração da Política Externa Independente, o entrevistador conduz o autor a lembrar suas influências literárias e sua ligação com o modernismo. Em outro texto, Wilson narra sua pouco conhecida trajetória como jornalista, que ao lado do irmão Virgílio de Melo Franco, fundou o jornal *Folha de Minas*, para fazer oposição a Getúlio Vargas.

A última entrevista, com Pedro Nava, em 1979, foi realizada junto com Luiz Paulo Horta, na época do lançamento de *Beira-Mar*, quarto volume das memórias do autor mineiro. Na longa conversa, os entrevistadores se detiveram sobre o seu método de memorialista, a influência de Proust, a juventude em Belo Horizonte, além de lendas dos primeiros modernistas, como aquela sobre a qual todos eles atravessavam o viaduto de Santa Teresa nos anos de 1920, fazendo com que os escritores mais jovens, inclusive Wilson Figueiredo, duas décadas depois, desafiando a miopia, continuasse a realizar a façanha.

Sucessores reúne artigos sobre alguns de seus contemporâneos de geração no início dos anos de 1940. Por ordem de nascimento: Carlos Castello Branco, Paulo Mendes Campos, Otto Lara Resende, Fernando Sabino, Hélio Pelegrino, Autran Dourado, Octávio Alvarenga. A decisão de incluir o piauiense Carlos Castello Branco nesse grupo foi de caráter afetivo e geracional. Tendo vivido em Belo Horizonte dos 17 aos 24 anos (1937-1944), onde cursou Direito, fez parte deste grupo de amigos que compartilhava o gosto pelos livros, pela poesia, pelo jornalismo e pela boemia naquela jovem capital que até então era conhecida por ser uma cidade de estudantes, de funcionários públicos e de tuberculosos, como conta com humor Wilson Figueiredo.

Viveram juntos a atmosfera de intensa renovação que o então prefeito, Juscelino Kubitschek, impunha à cidade. Datam daqueles anos a criação da Escola de Artes Visuais de Guignard, do Complexo da Pampulha, a Exposição de Arte Moderna, entre outras. Além dos autores estrangeiros, entre os quais André Gide era unanimidade, Bandeira, Mário de Andrade, Drummond, Jorge de Lima e Vinícius davam o tom dos encontros na leiteria Nova Celeste, quartel general do grupo da *Revista Edifício*, formado em 1946.

Esses iniciantes e outros, como contou Sabino no seu *Encontro marcado*, "puxavam angústias" pelas esquinas de

Belo Horizonte antes de sucumbirem à atração do mar. Fernando Sabino e Castellinho, em 1944; Paulo Mendes Campos e Otto Lara Resende, em 1945; Hélio Pellegrino, em 1948; Autran Dourado e Octávio Alvarenga, em meados nos anos de 1950; seguindo JK. Wilson foi o último a renunciar a Minas, para não desagradar o sogro que não queria ficar longe da filha. Com a morte dele, completou-se a evasão. Wilson Figueiredo desembarcou no Rio em 1957 e bateu pernas nas redações à procura de emprego. No ano seguinte, já no *Jornal do Brasil*, trouxe a família e se instalou de forma definitiva. Há exatos 60 anos.

Em *Avulsos*, foram homenageados outros mineiros de diferentes gerações e que seguiram caminhos distintos transitando entre a literatura e a política, do *Partidão* à UDN. Figuras como: Orlando de Carvalho, professor, jornalista e escritor cuja importância na ciência política é marcada pelos estudos pioneiros sobre sociologia eleitoral; Marco Antônio Coelho, jovem dirigente do Partido Comunista, em Minas e depois, no Rio; José Maria Alkmim, raposa pessedista; José Maria Rabêlo, jornalista e militante político, fundador do jornal *Binômio*, ainda hoje na ativa em Belo Horizonte; e José Aparecido de Oliveira, lembrado pela sua capacidade de articulação política.

Por último, não podem deixar de ser lembrados, Francisco Soares Brandão e a FSB Comunicação, pelo apoio aos projetos editoriais, bem como à editora Gryphus, através de seus dirigentes Gisela, Guilherme e Ana Zincone, por reiteradamente prestigiar e viabilizar a publicação dos trabalhos do autor.

Boa leitura!

Vanuza Moreira Braga
Organizadora

OS BAÚS DO FIGUEIRÓ

(PREFÁCIO)

"Você precisa falar com o Wilson Figueiredo", recomendou Otto Lara Resende.

"Quem sabe disso é o Wilson", orientou Autran Dourado.

"Ainda não falou com o Figueiró?", estranhou Francisco Iglésias, como quem passa um pito.

Estava eu metido em pesquisas para escrever um livro que viria a se chamar *O Desatino da Rapaziada*, sobre escritores e jornalistas em Minas Gerais, e as luzes daqueles três escribas veteranos vieram descortinar mais uma sesmaria em minha vasta e não especializada ignorância. Até entrevistá-los, Wilson Figueiredo era para mim alguém que na remota juventude publicara dois livros de poesia e que, mesmo visto por ninguém menos que Mário de Andrade como um belo talento, pouco mais adiante depusera a lira, trocada pelo jornalismo. Ocupava cargo de direção no *Jornal do Brasil*, em cuja sucursal paulistana eu trabalhava naquele início de anos 1990. Então aquele camarada, de quem costumava ler artigos sobre temas da política nacional, era uma fonte imprescindível para o trabalho em que eu estava mergulhado?

Wilson Figueiredo era bem mais que isso, descobri em nosso primeiro encontro, na varanda de um restaurante da Visconde de Pirajá, em Ipanema. Impressionou-me, de saída, seu pique juvenil, associado a uma portentosa memória, para não falar do bom humor, da simpatia e da generosidade, nem sempre encontradiça entre profissionais da imprensa, com que ele se abria em revelações, derramando histórias, aspas, pormenores, bastidores saborosos e, aqui e ali, opiniões cristalinas.

Encantado, me dei conta do óbvio, de que Wilson Figueiredo – o Figueiró, apelido vitalício que lhe pespegou na juventude o cupincha Hélio Pellegrino – não era apenas um integrante menos notório do grupo de jovens escritores que editou em Belo Horizonte, no primeiro semestre de 1946, os quatro números da revista *Edifício*, em parceria com Sábato Magaldi, Autran Dourado e Francisco Iglésias, entre outros.

Wilson Figueiredo também não era apenas aquele personagem que aparece, meio de raspão, no folhetim *Asfalto Selvagem*, de Nelson Rodrigues, e que, na vida real, desempenhou papel bem mais relevante, digno de ser lembrado aqui e alhures: foi ele quem sugeriu a Nelson enfiar na trama o amigo comum Otto Lara Resende, a quem o juiz Odorico Quintela vai encomendar um soneto destinado a comprar os favores libidinais da incandescente Engraçadinha – poema do qual o autor, tomado de sovinice poética, acaba não delivrando ao concupiscente magistrado mais que a chave de ouro: "E entrego o corpo lasso à fria cama".

"Sou responsável por uma das chateações que o livro causou ao Otto", assumiu o Figueiró, às gargalhadas, numa entrevista a João Barile. "Ele ficou possesso, fugia do Nelson como do diabo, um horror, se sentia muito exposto. E dizia pra mim: 'Foi você quem passou pra ele essa coisa do soneto!' E eu: 'Foi mesmo, Otto, é ótimo para um romance...'"

Mas retomemos o fio. Foi por incitação do Autran, do Iglésias e do Sábato Magaldi que cheguei ao Wilson Figueiredo, para nele descobrir, ao lado de outras virtudes, uma testemunha especialmente qualificada para falar não só sobre o seu grupo, o da revista *Edifício*, como de vários outros surgidos em Minas Gerais em muitas décadas. Descobri na ocasião, ainda, o poeta em quem Mário fazia fé, e dele tratei de extorquir, imediatamente, mesmo sem dedicatória, um desmilinguido exemplar de *Mecânica do Azul*, de 1946, que, ao lado de *Poemas Narrativos*, publicado dois anos mais tarde (e em seguida recolhido pelo próprio autor), constituía então toda a obra em livro de Wilson Figueiredo.

Fiquei também pasmo, à beira da indignação: tendo vivido e presenciado tanta coisa interessante, e sendo dono de tamanha memória e verve, e mais, escrevendo como escreve, não tinha ele o direito de não botar no papel, o quanto antes, abrindo-a a mais gente, a sua extraordinária experiência vista e vivida.

Foi pensando nisso que, muitos anos mais tarde, sugeri ao Instituto Moreira Salles que colhesse, em texto e imagem, um depoimento de Wilson Figueiredo, deliciosa empreitada da qual vim a participar, durante dois inesquecíveis dias, ao lado de Paulo Roberto Pires. Àquela altura, Moacyr Andrade havia organizado para a FSB Comunicação um livro sobre a trajetória profissional de Wilson, *E a Vida Continua*, contendo, além de iconografia e cronologia, uma seleta de textos do escritor e jornalista (com direito a amostras de sua poesia), alguns deles produzidos especialmente para essa coletânea, editada no capricho pela Ouro sobre Azul.

Foi o primeiro passo para que o Figueiró finalmente saísse, me perdoe ele, de seu farto, fascinante e até aí inacessível armário lítero-jornalístico. Mergulhado desde a juventude em redações, primeiro em Minas, depois no Rio de Janeiro, para onde se mudou em 1957, durante décadas ele publicou profusamente, mas quase nunca com assinatura, até por serem assim os usos e costumes da imprensa da época. Embora não publicasse, sabe-se hoje que não foram poucas as suas recaídas poéticas, não raro na redação deserta, a horas mortas.

No início dos anos 1970, quando leu *Baú de Ossos*, volume inaugural das memórias de Pedro Nava, Wilson Figueiredo sentiu-se estimulado a botar seu nome naquilo que, de resto, aos olhos de quem o conhecia e apreciava, já trazia as suas digitais. E levou um susto benigno quando, mais adiante, ao abrir seu próprio baú, em busca de material para *E a Vida Continua*, deu com escritos de que já não se lembrava, e que, revisitados, lhe pareceram dignos de estar em livro. "Encontro coisas que eu escrevi que me dão grande alegria", contou a João Barile, desobrigado de uma falsa modéstia que, no seu caso, não teria o menor cabimento. Descobriu mais, conforme disse ao repórter, agora com evidente exagero: "Gente, eu só escrevi sobre escritor mineiro!".

O fruto daquelas descobertas, ou parte delas, aqui está, ufa, reunido em livro, a formar um conjunto em que cada parte ilumina as outras. Perfilados por quem com eles conviveu longamente, aí estão personagens como os Paulo Mendes Campos, Otto Lara Resende, Fernando Sabino, Os Quatros Cavaleiros de um Íntimo Apocalipse, como os rotulou um deles, Otto. Desvendado pelo irmão Altivo Drummond de Andrade, seu mentor literário no início de sua formação, o poeta Carlos, mostrado no momento em que chegava aos 50 anos. Também estão aqui Autran Dourado e

Octávio Mello Alvarenga, companheiros no grupo *Edifício*, enfocados por Wilson Figueiredo no momento em que, já maduros, publicaram livros polêmicos.

Alguns dos textos aqui reunidos, não tenho dúvida, haverão de acender no leitor um apetite por mais, mais e mais. De saída, "Um mineiro do litoral" me parece ser apenas uma ponta de formidáveis memórias com que passo a sonhar. Ou o artigo sobre a revista *Edifício*, a respeito da qual a privilegiada memória de Wilson Figueiredo por certo guarda muita história que ainda não desceu ao papel. Ou desceu, mas permanece em estado de baú?

Nesse capítulo, aliás, estou longe de ser o único que adoraria saber mais, entre muitos outros pontos, a respeito da decisão de fechar no quarto número uma revista que, do ponto de vista do leitor, ia muito bem. Ela durou até um pouco mais que a maioria das publicações congêneres, em geral vitimadas na altura do terceiro número, por falta de dinheiro ou simplesmente pique para seguir fazendo juntos. No caso da *Edifício*, Sábato Magaldi me deu outra explicação, bem-humorada mas nem por isso de se descartar: a revista morreu porque o Figueiró, na sua ausência, durante as férias de julho de 1946, tentou tomar-lhe a namorada. Sábato jurava que o Don Juan não levou, mas, até como jornalista, eu gostaria de ouvir o outro lado...

Humberto Werneck

Jornalista e escritor. É autor de *O desatino da Rapaziada:* jornalistas e escritores em Minas (1920 – 1970), *O Santo sujo:* a vida de Jayme Ovalle (2008), entre outros livros.

UM MINEIRO DO LITORAL

Do Espírito Santo para Minas a diferença, além dos mineiros, é o mar a que eles têm acesso por intermédio dos capixabas. Rubem Braga considerava o capixaba o mineiro do litoral. Os mineiros gostariam mais que Guarapari constasse do mapa de Minas.[1]

Já me acostumei com a discreta decepção que provoco quando, para deixar tudo claro, digo que não nasci em Minas, apesar de ter tudo mais para ser mineiro. Ou mesmo receber tal consideração como prêmio de resignação. Valho-me dos verbos sempre no condicional.

Nasci em Castelo e fui batizado, já taludo, em Belo Horizonte. Por sinal, na igreja de São José, no centro propriamente dito da capital mineira. Meu pai era nascido em Olinda e minha mãe em Alvinópolis, no interior de Minas. E eu fui a exceção exclusiva entre todos os irmãos. Mãe

---

1 Com o título *Ser ou não ser* este texto foi publicado originalmente em *E a vida continua:* a trajetória profissional de Wilson Figueiredo, livro produzido pela *FSB comunicações* em homenagem aos 90 anos do autor. (Rio de Janeiro: Ouro sobre azul, 2011)

mineira, Quaresma pelo lado materno e Turrer pelo lado paterno, austríaco pelo movediço mapa europeu no Século XIX. Sou o neto mais velho de Anselmo Carlo Turrer. Pai pernambucano, puxado a republicano histórico, sempre inclinado ao discurso nacionalista e à ênfase florianista. À cabeceira da mesa de jantar antes de anoitecer, onde quer que morássemos. Em Minas, bem entendido.

Recomeçando, Mário Augusto Figueiredo, por extenso. O médico, sempre referido por onde passava como doutor Mário, criado e formado no Rio na turma de 1916 (a faculdade ainda com endereço na rua Santa Luzia), internou-se por aquele Brasil essencialmente rural, para clinicar montado em cavalos cinematográficos aos olhos infantis. Do Espírito Santo foi para Minas, mas não sei o suficiente para contar. E ficou pelo resto da vida. Comecei a aprender geografia por ouvir falar de Aimorés, Mutum, Manhuaçu, Manhumirim, Caratinga, Ponte Nova, Rio Casca, minhas mais antigas referências. Já adulto, ordenei as lembranças em sequência com os fatos nacionais a partir da Revolução de 1930. Um Brasil que chegava ao consumo da eletricidade e à água corrente nas casas, população de 30 milhões e 80% de analfabetos. A primeira República aproximava-se do fim. E as outras viriam em sequência.

Do primeiro casamento de meu pai, tive cinco irmãos, nascidos no Rio: Helena e Maria Helena, Paulo, César (que morreu aos 16 anos) e Rubens. Do segundo, em Minas, fui o primogênito e meu irmão Carlos já nasceu em Raul Soares, de onde em fotografias com a Kodak (de caixote), até hoje perfeitas em preto e branco, guardo as primeiras lembranças.

Minha irmã Magda e meu irmão Mário nasceram depois. Não saíram de Minas nem para experimentar. Em Divinópolis, ela. Ele em Montes Claros, onde conheci um mercado regional típico, chuvas com três anos de atraso e a lenda de dona Tiburtina, no casarão no largo da matriz, com cajueiros debruçados sobre o muro com frutos vermelhos e amarelos para o lado de fora. Ela, já viúva e lendária, e Darcy Ribeiro ainda pelos doze anos, já sacando por conta da fama que o acompanharia e sobrevive a ambos.

Meu pai exercia a medicina e a política com devoção pública. Teve jornais locais, no estilo municipal ainda sem vigor. Deixou a política pela exclusividade profissional a que o compeliu a nomeação para a diretoria de Saúde Pública em 1926 em Minas. Da Zona da Mata, Raul Soares ficou para trás quando nos mudamos para Divinópolis. As fotos na versão caixote da Kodak atestam com exatidão a época. Meu pai se apresentou (republicanamente, claro) e foi mandado para a frente de combate entre paulistas e mineiros na revolução constitucionalista, por um lado, e dita oficialmente separatista, do lado oficial. Em 1932. Trouxe um capacete de aço e guardou a farda até morrer.

Recomeço pela via ferroviária (com o nome de dona Leopoldina, em tardia homenagem republicana), de Raul Soares para Divinópolis, aonde chegamos pela Oeste de Minas. Para Montes Claros, já foi pela Central do Brasil. E, dois anos depois, Belo Horizonte. Para encerrar os anos de 1930, Uberaba, onde seria apresentado ao futebol e à adolescência em 1937. Aí descarrilei, não nos trilhos da Estrada de Ferro Oeste de Minas, mas nas matérias do quarto ano (quando o curso ginasial era de cinco).

Fui parar no colégio interno em Orlândia (SP), de onde voltei outro e dois anos mais velho. Refiz no biênio paulista o equivalente aos cinco de ginásio à época, e aprendi a responsabilidade com o sabor da liberdade ensinada no Liceu Municipal de Orlândia.

Em 1943 fui cheio de literatura começar a vida adulta em Belo Horizonte (cursar medicina e alegrar meu pai). Mas esta é outra história. Troquei medicina pelas línguas e letras neolatinas, num caso de amor à primeira vista e oportunismo juvenil. E me tornei arauto da repetição de ano letivo, que me ressarciu em dois anos de tudo que malbaratara em quatro. E me considerei, modéstia à parte, um bom exemplo de que uma boa bomba pode ser investimento pedagógico com retorno confiável.

Não é minha culpa se não nasci em Minas. Imperdoável é nunca ter enfrentado o medo de ir a Castelo (ES) acertar as contas por lá não ter voltado durante uma vida inteira, pelas razões que a minha razão desconhece. Percebo em capixabas que, ao saberem do meu infortúnio de mineiro do litoral, fazem – mas me poupam – um severo juízo.

De mim para comigo, como se dizia antigamente, repito que mineiros ilustres já se valem, cada vez mais, da definição atribuída a San Tiago Dantas, que rompeu o constrangimento e enriqueceu o privilégio de ser mineiro graças à criação da categoria dos mineiros nascidos fora de Minas. A começar por ele próprio.

Oficialmente, Minas não reconhece, mas bem podia criar a Ordem dos Mineiros não nascidos na terra mineira, embora vinculados a Minas pelas características imperceptíveis, como pronúncia, interjeições, nostalgia rural ou laços de famílias, de acordo com critérios igualmente mineiros de avaliar e atestar a mineiridade em seu mais amplo alcance. Inclusive, ou principalmente, político.

BELÔ

UMA CIDADE FAZ 100 ANOS

(*JB*, 24/08/1997)

Contava o jornalista Odin Andrade, em *Juventude, juventude*[1] que "existia em Belo Horizonte um cidadão meio ameno, muito simpático e bem educado de que todos gostavam": Carlos Alberto Quadros, Cainço para os do seu nível, "frequentador assíduo das melhores rodas", bom conversador, passava em revista diária a vida social da cidade "com a dosagem correta de maledicência".

No Automóvel Clube situava-se o centro de gravidade social da capital mineira. Uma tarde o repórter político Odin Andrade, recorreu a Cainço para saber com exatidão como havia acontecido a Revolução de 1930. "Eu vinha descendo a Rua da Bahia...", começou Cainço, e deixou para sempre no repórter a impressão de que a Revolução de 1930 tinha começado porque ele descera a Rua da Bahia, que era a mais importante, do ponto de vista social e oficial, naquela Belo Horizonte.

---

1 *Juventude, juventude:* um tempo, uma cidade, as pessoas. Belo Horizonte: Armazém de Ideias, 1996.

A política, irresistível por natureza, sempre teve os seus caronas, que se põem no meio dos acontecimentos quando ainda são boatos e os passam adiante, embarcando neles depois que adquirem consistência histórica. Se alguém procurar, vai identificar penetras desde Roma (morte de César) até o grito do Ipiranga, a proclamação da República e onde couber. Os áulicos desempenham função importante e políticos fazem sempre uma ponta, como extras, na História. Sem falar nos que, com o tempo, quando não há mais testemunhas, contam como adendo ter substituído os personagens principais nas cenas de perigo.

Qualquer governante se mete na História havendo oportunidade e, não havendo, os discursos a criam. Afinal, a política se faz mais de versões que de comprovação, mais de hipóteses e menos de fatos. O político é destituído de modéstia pública. No fundo está certo: qualquer governante tem o direito de valorizar o seu período. Não deixa de ser um divisor de alguma coisa.

É universal a variedade de megalomania que acomoda os sócios menores da História. Faz falta a crônica de cada época, para recompor a versão final. Odin Andrade, que praticou colunismo social e político com a mesma desenvoltura, não tirou dos políticos mineiros da sua época tudo que poderiam ter fornecido abaixo da linha da História. Faltou-lhe na política a malícia que delicia a apreciação genérica de gente e fatos nas duas décadas – os anos de 1940 e 1950 em Belo Horizonte – mas o livro valeu como presente de aniversário pelos 100 anos da capital mineira. A ela e aos mineiros. Depois do que Pedro Nava desencavou das décadas de 1920 e 1930, acrescenta-se a mineração de que Odin ficou sendo concessionário.

Odin viu com olhos de amador a política (é um descuidado em relação às datas) mas foi um cientista sem perceber quando providenciou algumas explicações sociológicas para a capital mineira. A criação do Bairro de Lourdes, com os estímulos da Caixa Econômica (que saía de financiamento na mão à procura de candidatos), forneceu a explicação que faltava para o baixo teor de hospitalidade de que era acusada Belo Horizonte: por ter vergonha da pobreza, como diz Odin, o morador da capital só foi se preocupar com a decoração da casa depois de quitado o financiamento. Isto é, na segunda geração. A Belô dos anos 1940 só tinha condição de receber socialmente parentes íntimos.

Enquanto Pedro Nava, em suas memórias, restaurou a crônica belorizontina dos anos 1910 e 1920, fixando a classe média alta (por falta de outra) no papel social de destaque, com a vida e aventuras dos estudantes do Ginásio Mineiro e do Colégio Arnaldo, Odin Andrade cuidou dos que (não interessa o motivo) cursaram o Colégio Anchieta, o Ginásio Afonso Arinos, o Colégio Batista. A classe média, média mesmo. A valorização literária do zebu, como explicação econômica, não passou de especulação por conta do cronista. O Lakmé, o Iate, o cassino da Pampulha, a missa-dançante, o peso social e esportivo do Minas Tênis Clube, a escolinha de Guignard, a vida noturna, o Montanhês, o Maravilhoso, a passagem de JK pela prefeitura de Belo Horizonte foram envolvidos numa nostalgia irresistível até para os que apenas ouviram falar deles.

Odin nega na apresentação (na orelha fala mal de si mesmo) que tenha feito livro de memórias. Está como M. Jourdan que fazia prosa sem saber. Sem se dar conta, fez memória – e da boa – urbana, coletiva, que vale por uma geração com pouco a fazer daqui por diante. Não foi por acaso que se repetiu com o autor da impressão que lhe ficou da importância da Rua da Bahia para a Revolução de 1930, mas em ponto maior: a Segunda Guerra Mundial começou também porque ele descia a Rua da Bahia, no dia primeiro de setembro de 1939, vindo do Ginásio Afonso Arinos, quando deu de cara com os vespertinos que anunciavam em letras enormes a invasão da Polônia... É sempre assim, com qualquer um, quando se trata de grandes acontecimentos. Belo Horizonte faz 100 anos.

HILDA FURACÃO E BELO HORIZONTE NOS ANOS DE 1940

(*JB*, 31/05/1998)

O Montanhês era o ponto culminante da rua Guaicurus, que ofuscou com o nome em gás neon e a fama a importância dos índios menos citados dentre os que dão nomes às ruas de Belo Horizonte. À medida que a rua descia, a qualidade ia caindo de nível até se tornar o baixo meretrício a que se referiam os jornais. Faltou Maupassant na oportunidade mas veio mais tarde Roberto Drummond.[1]

Ao lado do Montanhês (restaurante em baixo, *dancing* em cima), o Hotel Maravilhoso, apinhado de mulheres do ramo, a fachada também *art déco* (ardecô) e coberta de pó de pedra: aí pontificava Hilda Furacão, que atendia profissionalmente no quarto do segundo andar, de frente para a

---

1 Roberto Drummond (1933-2002). Jornalista e escritor. Autor de inúmeros romances como *A morte de DJ em Paris* (1971), *Hitler manda lembranças* (1984), *Ontem à noite era sexta-feira* (1988) e *Hilda Furacão* (1991). Em 1998, adaptado por Glória Perez, *Hilda* se transformou em minissérie da rede Globo, com enorme sucesso.

escada e, se a memória não exagera, balcão dando para a própria Guaicurus.

Na rua, iam e vinham, com o espírito seletivo de quem visita feira, estudantes e funcionários públicos. Os *dancings* enchiam de músicas ao vivo as noites de sábado, festivas e apinhadas de fregueses.

Hilda Furacão – na primeira versão, a real – e sua circunstância eram a Belo Horizonte dos anos de 1940. Cabelos de fogo, rosto redondo e corpo fora dos padrões atuais. Foi a mais notória no eixo da Guaicurus, e deveu a fama ao sobrenome de guerra. Furacão falava à imaginação e fazia um estrago. Dispensava complemento. Qualquer jovem, ao chegar à idade adequada ou do interior para continuar os estudos, fervia em pecado ao ouvir dizer de Hilda Furacão, cujo profissionalismo era vedado a neófitos vindos de tão longe.

Belo Horizonte, 200 mil habitantes, beirava a idade do século. JK era o prefeito. Estudantes de faculdades sustentaram a fama e a receita de Hilda Furacão. Enfeitava-se a lenda erótica. De um (aluno de Direito), corria que nas noites de sábado levava a farda e na manhã de domingo saía direto para o CPOR[2]. A frequência era de estudantes nascidos em Belo Horizonte e dos chegados do interior para morar em pensões e fundar mais repúblicas que a Itália antes da unificação no século XIX.

Pensão de estudantes, pensão de família e pensão de mulheres abrigavam a população flutuante. Foi antes da era dos antibióticos. A zona boêmia era passagem obrigatória para a vida adulta. Os *dancings* diplomavam em samba, rumba, bolero, tango. O Montanhês abria e fechava a noite com a protofonia do *Guarani*, de Carlos Gomes, em ritmo

---

2 Centro de Preparação de Oficiais da Reserva.

de samba, execução da Orquestra de Delê e arranjo do próprio maestro.

Hilda Furacão, cujo sobrenome de batismo acabou esquecido, brilhava com o de guerra. Além da Guaicurus, para todos, o cassino da Pampulha, a seis quilômetros da Praça Sete, fazia as honras noturnas a um público seleto: os frequentadores de renda superior às mesadas estudantis saíam acompanhados das *girls* do show.

Tudo passou. Sem o jogo, a Pampulha murchou. A cidade se encaminhou para o primeiro milhão nos anos de 1950. Hilda foi saindo do foco e recuando para o esquecimento. Até que Roberto Drummond foi buscá-la na versão de contraponto social: a cidade do amanuense Belmiro e de Abdias[3], que ciscavam na sociedade sob os cuidados de Cyro dos Anjos, foi palco fictício (que a televisão põe agora em movimento) do escândalo presumido como ajuste de contas de Hilda, reciclada pelo autor, com a tradicional família mineira. Hilda Furacão reedita a cena clássica do casamento desfeito na véspera da celebração, e se realiza na vida noturna do prazer. A ficção é a continuação da vida como devia ter sido, na Belo Horizonte que não foi mais a mesma.

***

Hilda Furacão: Carta de Roberto Drummond

Tinha que ser uma testemunha de nosso tempo como o Wilson Figueiredo para clarear o que está escuro e escrever um artigo (altamente honroso para mim) como "Hilda

---

3 *O Amanuense Belmiro*, primeiro romance de Cyro dos Anjos, foi publicado em 1937. *Abdias* foi publicado 8 anos depois, em 1945.

Furacão, a Belo Horizonte dos anos de 1940", que o nosso *JB* publicou no domingo.

Disse por telefone a Glória Perez, autora da belíssima adaptação, com quem converso todos os dias: chorei ao ler o que Wilson Figueiredo escreveu.

Na verdade, eu sou um refém de Hilda Furacão (como está em reportagem de *Época* esta semana). Todos querem que tudo seja verdade. Todos querem que eu tenha ido às vias de fato com Hilda; e se eu digo que não, escuto um "ah..." de decepção. Não resta ao ficcionista que eu sou nenhuma glória porque todos acham que tudo e todos são mera compilação da realidade. É assim no Brasil e em Roterdã, onde debati *Hilda*, e em Havana.

Mas Wilson Figueiredo pode escrever o que não posso:

> "...Até que Roberto Drummond foi buscá-la na versão de contraponto social (...) A cidade do amanuense Belmiro... foi palco fictício (que a televisão põe agora em movimento) do escândalo presumido como o ajuste de contas de *Hilda*, reciclada pelo autor, com a tradicional família mineira..."

Ah, como o "reciclada pelo autor" alegra e liberta o ficcionista que se tornou (muito alegremente, é certo) um refém literário, um prisioneiro atrás das grades do coração de *Hilda*.

Roberto Drummond
Belo Horizonte.

UM MONUMENTO INVISÍVEL: A REVISTA *EDIFÍCIO*

Nosso *Edifício* nada tem a ver com a expansão imobiliária de Belo Horizonte na segunda metade dos anos de 1940. Não chegou a ser levantado do chão porque durou apenas um momento na vida de um grupo de jovens que compartilhavam a "alegria de novas descobertas", como disse Drummond num poema. Líamos todos os poetas e prosadores. Divergíamos o tempo todo. Frequentávamos uns e outros os escritores que preferiram ficar em Minas e trocávamos entre nós impressões de leituras como se aquilo fosse durar a vida toda. Não raro, chovíamos no molhado. [1]

Cada descoberta de um novo poeta estrangeiro era pretexto para encontros e confrontos. Éramos excedentes em vontade de viver, ávidos de futuro. Faltava-nos o passado que nos sobra hoje.

Não éramos poucos. Havia os mais assíduos aos encontros, no Café Nova Celeste. Murilo Rubião (1916-1991)

---

1 Originalmente publicado em *E a vida continua*: a trajetória profissional de Wilson Figueiredo (2011)

era o supremo sacerdote da rapaziada, um tio adotivo. João Dornas não arredaria pé do solo mineiro. Emílio Moura e sua sombra alongada também não. Henriqueta Lisboa, em feitio de oração, fazia poesia em recolhimento. Enquanto isso, a Segunda Guerra transcorria longe. Tomávamos conhecimento do mundo pelos jornais. A imprensa vivia sob a censura do que se passava dentro do país. O Brasil não existia. Desprezávamos a propaganda do Estado Novo, que não pegou. Conspirava-se, inutilmente, mas principalmente falava-se mal do governo, dos ministros e do presidente, o ditador Getúlio Vargas. Também se distribuía de madrugada boletim contra a ditadura. Em vão. Não podia durar, e não durou, aquele estilo de vida. Havia os que vieram do interior estudar, mas a maioria era de nascidos em Belo Horizonte. Vivia-se o esplendor da Pampulha, com Niemeyer dando a nota de modernidade. As noites no cassino tiniam de cosmopolitismo. A rapaziada, como a batizou Humberto Werneck[2], ia fazer nesse meio tempo a definição da vida adulta. Soara a hora das opções sem volta. Vestibular, vida adulta (com mesada paterna). Procura do primeiro emprego. O Brasil parecia não valer a pena. A nosso ver, Minas estava estagnada. Onde trabalhar? Mas o jeito mineiro, as letras mineiras, os escritores mineiros, eram o nosso próximo em matéria de letras.

Mal sabíamos que a guerra ia acabar logo e que o regime político, o Estado Novo, ia ser implodido por tabela. Não sobreviveria à paz mundial. De fato. Tudo se precipitou. Universidade, literatura, política, democracia, derrota

---

2 WERNECK, Humberto. *O desatino da rapaziada:* jornalistas e escritores em Minas Gerais. São Paulo: Companhia das Letras /Instituto Moreira Salles, 1992.

do fascismo. Em 1945, a queda do Estado Novo, o fim da guerra, a multidão nas ruas do centro para comemorar o futuro. O ano todo foi um acontecimento. Deslumbramento da democracia, que tinha vindo para ficar. Mas se ausentou outra vez, por muito tempo. Jovens futuros escritores, antes de se definirem literariamente, definiram-se politicamente.

A esquerda estava no ar. Quem não era socialista aos vinte anos, como disse Gilberto Amado muito antes de nós, pode ser considerado burro. Estava certo. A segunda parte da frase de Gilberto completava o sentido na conclusão: quem continua socialista aos quarenta também é burro. Não se tomou conhecimento. Mas aconteceu exatamente assim.

Em favor dos rapazes do *Edifício,* diga-se que acreditavam que o socialismo estava reconhecido pela vitória militar dos aliados. E que nunca mais se repetiriam regimes autoritários, nunca mais haveria censura à imprensa. Éramos todos rousseaunianos, mesmo antes de ter lido Jean-Jacques. E, no novo mundo do pós-guerra, ser de esquerda não obrigava ninguém a pegar em armas. A vida democrática estendia um tapete vermelho aos nossos pés. Era este o quadro ideológico. A divergência mais quente se registrou na separação entre rapazes que se contentavam com a UDN e os que preferiram a esquerda, que no caso era o Partido Comunista, em pleno sucesso social e intelectual. Na Itália e na França, os comunistas brilhavam no cinema, nas letras, nas artes plásticas. No Brasil, ainda não.

Em 1946, como a democracia não trouxe de volta suplementos literários, sem ter onde publicar o que queria escrever, o excedente de vocações e a escassez de veículos literários levaram alguns a apostar na criação de uma revista. Foi a primeira pedra na construção. Discussões vararam noites. Não custava mais do que fé e iniciativa. Não é preciso citar nomes. O estado de espírito é o que importava. Ninguém pode explicar até hoje como foi possível conseguir contribuição de empresas para editar a revista, planejar cada edição, encomendar artigos, cobrá-los dentro do prazo das tipografias. O fato foi que os quatro números da revista resumem os últimos anos da juventude e os primeiros da vida adulta, cujo marco era o ingresso na universidade.

Além da administração do destino literário, da necessidade de trabalhar, das obrigações de frequentar aulas e fazer exames, o amor contagiou a rapaziada que ficou à espera do destino. E veio a gripe do pós-guerra. Sim, porque uma primeira leva já tinha se encaminhado para o Rio. Quando Brasília não existia, o Rio era tudo no Brasil. Nem São Paulo competia com o mar. Foi-se, primeiro, Fernando Sabino, assim que se casou; em seguida, Paulo Mendes Campos, logo, logo Otto Lara Resende, já jornalista de primeiro nível. Por último, Hélio Pellegrino. Em 1948, Sábato Magaldi começou a segunda leva. Já nos anos de 1950, na maré montante de JK, Autran Dourado, Octávio Alvarenga, Alphonsus de Guimaraens Filho com o seu lume de estrelas, Cristiano Martins. Francisco Iglésias ficou, mas teve presença na inteligência nacional. Era o santo daquela geração. A vocação política levou, por um longo caminho, Marco Antônio Coelho até a Universidade de São Paulo, onde o escritor banhou o estilo literário nas águas do São Francisco. Edmur Fonseca ficou, mas foi parar no Chile e voltou. O último a sair ao encontro do mar foi Jacques do Prado Brandão, com uma câmera de cinema na alma e sua poesia não mais escrita. Avulsos, os demais se foram. Vários, anonimamente, para não chamar a atenção. Naquele tempo só havia mesmo jornalismo e emprego público. Era um salto no escuro. Os que não foram, e os que ocuparam o lugar dos que partiram, encarregaram-se dos novos tempos. Outros nomes confirmaram a existência de ciclos que se repetem eternamente. Ficar se tornou uma opção. Muitos ficaram. Fábio Lucas foi um dos últimos a deixar Minas e ficou em São Paulo. O outro que ficou e tem saudade daquele tempo: José Bento Teixeira de Salles. Seu irmão Fritz foi e voltou várias vezes. Fez poesia e tumulto por onde andou.

Dos trezentos mil habitantes dos anos de 1940, Belo Horizonte saltou para a casa dos milhões. Pode não ser a mesma cidade do "Noturno de Belo Horizonte", de Mário de Andrade, mas é indispensável voltar todos os anos para ter a certeza de que se confirma tudo que nela se apreciava. A carinhosa forma de tratamento é uma senha: Belô.

MODERNISTAS

Carlos Drummond de Andrade

(1902-1987)

Nasceu em Itabira, filho de Carlos de Paula Andrade e Julieta Augusta Drummond de Andrade. Casou-se com Dolores Dutra de Morais, com quem teve uma filha, Maria Julieta. Poeta, jornalista, cronista, contista, tradutor, funcionário público exemplar. Formou-se em Farmácia e nunca exerceu a profissão. Passou pela redação de jornais de Belo Horizonte, onde publicou seu primeiro livro *Alguma poesia*, em 1930. Já trabalhando no serviço público em Minas, muda-se para o Rio em 1934 e como chefe de gabinete de Gustavo Capanema, ministro da Educação, permanece por 11 anos. Em 1945 é convidado pelo amigo Rodrigo Melo Franco de Andrade para trabalhar no Serviço do Patrimônio Histórico e Artístico Nacional (SPHAN) onde se aposenta em 1962. Autor de livros como *Brejo das Almas* (1934), *Sentimento do Mundo* (1940), *A Rosa do Povo* (1945), *Claro Enigma* (1951), entre outros. Faleceu em 12 de agosto de 1987, apenas 12 dias depois de sua filha única Maria Julieta. Poeta maior deixou também marca indelével de disciplina e eficiência em colaborações em jornais, revistas e no serviço público.

AOS CINQUENTA ANOS: CARLOS DRUMMOND DE ANDRADE POR SEU IRMÃO, ALTIVO DRUMMOND DE ANDRADE

(*Folha de Minas*, 19/10/1952)

Há um ano, noticiou-se no Rio a passagem do cinquentenário de Carlos Drummond de Andrade. Ainda não era. O engano foi esclarecido pelo poeta, num bilhete com bom humor e estilo. Uma circunstância apenas determinaria o equívoco: a ânsia de prestarem-lhe, seus admiradores mais incontidos, uma homenagem quando da passagem do grande poeta pelo meio século de vida afinal. Também uma convenção, mas em todo caso pretexto para fazer justiça a quem tanto se esquiva às pompas das letras. [1]

---

1 Esta entrevista com o Dr. Altivo Drummond de Andrade, irmão do poeta, foi realizada em parceria com Cid Rebelo Horta, jornalista e professor para um suplemento especial em homenagem ao cinquentenário de Carlos Drummond de Andrade. Foi publicada em 19 de outubro de 1952, em Belo Horizonte, na *Folha de Minas*, jornal criado em 1935 pelos irmãos Virgílio e Afonso Arinos de Melo Franco.

Porém, a 31 deste mês o poeta Carlos Drummond de Andrade entrará mesmo na posse de seu cinquentenário. Esta reportagem, que a *Folha de Minas* publica na edição comemorativa de seu aniversário, não deixa de ser uma antecipação indébita, já que 15 dias ainda nos separam da data cinquentenária do poeta. Mas, é uma homenagem ao maior poeta brasileiro.

O objetivo desta reportagem foi limitado inicialmente, pelo seu autor, à vida do poeta. Apenas os episódios à margem da literatura foram seu objeto. O poeta itabirano, contudo, tem vivido sua vida pelo avesso do romântico. Daí, ser raro e descontínuo o que pode o repórter recolher aqui e ali. Praticamente, é impossível referir fatos da vida de Carlos Drummond de Andrade, sem que seus versos deixem de impor-se pela presença, anulando com sua força poética, e de vida, o episódio de que se quer a história real.

O autor de "Sentimento do Mundo"[2], que apregoa uma tradição, – desmentida pelos amigos do poeta e confirmada por alguns equívocos, – é um homem de trato difícil, que sobre ser tímido e falar baixo, não transige em seus pontos de vista nem mercadeja opiniões literárias.

A biografia é escassa. A lenda de que seus gestos e palavras, despojados e descarnadas, traduzem um homem difícil, chega a ser para muitos uma barreira também no trato com a poesia desse extraordinário poeta. No entanto, basta a leitura de seus versos para sentir-se o clima confidencial, que através dela vem do homem, também extraordinário, Carlos Drummond de Andrade. E não seria esse dom de impessoalidade nas relações humanas uma defesa da fonte de sua poesia, preservada pelo silêncio confessional do seu autor?

2 Poema que abre o livro homônimo, publicado em 1940.

Roteiro de um repórter

De itabirano em itabirano, pertencentes todos a uma secreta e discreta colônia que congrega em BH os nascidos em Itabira, o repórter obteve o endereço e o telefone de um irmão do poeta, aqui residente há apenas ano e meio. Damos a palavra ao poeta para apresentar seu irmão aos leitores:

> Este outro aqui é doutor, o bacharel da família, mas suas letras mais doutas são as escritas no sangue, ou sobre a casca das árvores. Sabe o nome da florzinha e não esquece o da fruta mais rara que se prepara num casamento genético. Mora nele a nostalgia citadina, do ar agreste, e, camponês, do letrado. Então vira patriarca.[3]

O doutor Altivo Drummond de Andrade, combinado o encontro pelo telefone, passou a contar-nos diversos episódios da vida do poeta, assim que chegamos à sua casa. Vale ressaltar que durante toda a nossa conversa não teve do Dr. Altivo sequer um adjetivo para qualificar o irmão, por quem nutre a mais fraterna amizade, sendo ademais minucioso conhecedor da obra do poeta. Sua exegese da poesia drummondiana é de grande valor humano e literário.

Também um autêntico "drummondiano", possuidor dos mesmos traços de família, característicos da personalidade e da literatura do irmão caçula, fisicamente também tem muito em comum. De porte mais avantajado, porém magro como o poeta, idênticos olhos azuis, mas de tez castigada pelo sol e o ar livre da fazenda. O Dr. Altivo, que estudou direito no Rio, ao tempo em que o poeta estava no

---

3 Trecho do poema "A mesa", publicado em *Claro Enigma* (1951).

Colégio em Friburgo, formado voltou a Itabira, onde se dividiu entre os trabalhos no campo e advocacia na cidade, repartindo-se ainda entre a família (tem dez filhos e seis netos; se não o dissesse não se poderia imaginar) e a literatura.

Em "Confidências do itabirano", de José Condé[4], encontro uma referência ao irmão do poeta, fato que ele calou ao repórter:

> "os primeiros passos de Carlos Drummond de Andrade na literatura foram conduzidos por seu irmão Altivo, que escrevia poemas e crônicas. Estudante no Rio enviava ao irmão caçula livros e revistas. Quando de certa feita passava as férias na cidade natal o Dr. Altivo fundou um jornalzinho, que não passou aliás do primeiro número. Chamava-se "Maio", impresso em tinta roxa e verde. Corria o ano de 1918. Na primeira página, um poema em prosa de Carlos, que então contava apenas 15 anos. Pseudônimo que usou para assinar o trabalho: Wimpl."

A infância do poeta

Passou Carlos Drummond de Andrade toda a sua infância em Itabira, onde seu pai era fazendeiro. Quatro anos mais moço que seu último irmão teve a vida mimada dos caçulas, mas foi sempre um menino diferente, desde as menores coisas. Não o encantavam os comuns brinquedos que fazem com que os adultos julguem felizes as crianças, pelo fato de tê-los. Carlos Drummond, segundo o depoimento de seu irmão, viveu lendo desde cedo. Na fazenda, percorria

4 Artigo publicado no *Correio da Manhã*, Rio de Janeiro, 05/09/1948.

o campo, mas a pé, muito raramente montava a cavalo. Leu todos os livros da biblioteca da casa paterna, fazendo-se em seguida freguês de livros alheios, que lhe eram emprestados.

Certamente data daí a grande rapidez com que leu o poeta, fato arrolado entre os atributos de sua proclamada acuidade mental. Conta-se dele que, passando simplesmente os olhos por um papel que se punha à vista, dá ciência em segundos de tudo que lera.

Foi o melhor aluno que passou pelos bancos do grupo escolar de Itabira, não tendo nunca obtido nota inferior a dez.

Quando terminou o curso primário, em vista da sua aparência doentia, sua mãe temeu que, vindo estudar, o menino Carlos pudesse adoecer. Foi quando, para ganhar tempo, resolveu empregar-se, obtendo o lugar de caixeiro num armazém em Itabira. Seu proprietário, hoje gerente de uma agência de banco naquela cidade, sente-se constrangido quando o fato é relembrado.

Datam dessa época os vários trabalhos, geralmente poemas em prosa, que publicou com pseudônimo em revistas do Rio, como "O Malho", "Fon-Fon" e outras, antes de vir para Belo Horizonte.

Carlos Drummond trabalhou oito meses no balcão, findos os quais recebeu de presente, já que não recebia ordenado, um par de calças zebradas, as primeiras calças compridas que teve.

Veio em seguida continuar os estudos, matriculando-se no Colégio Arnaldo.[5] Depois foi para um colégio de je-

---

5 O poeta ingressou no tradicional colégio de Belo Horizonte em 1916. Lá conheceu Gustavo Capanema (1900 – 1985) e Afonso Arinos de Melo Franco (1905 – 1990), amigos que levaria para a vida toda. Por motivos de saúde ficou pouco tempo neste internato.

suítas[6], em Nova Friburgo, onde obtinha também as melhores notas. Não obstante, foi expulso porque nele os padres descobriam certa "indisciplina mental". [7]

Em sua poesia, são poucas as memórias dos tempos colegiais. "Em Nova Friburgo" condensou o poeta o capítulo nesse epigrama subjetivo: "Esqueci um ramo de flores no sobretudo".[8] E em "Desfile", este trecho permite localizar as lembranças sem dificuldade:

> "A montanha do colégio.
> Colunas de ar saíam das bocas, na cerração.
> Estou perdido na névoa,
> na ausência, no amor contido.
> O mundo me chega em cartas.
> A guerra, a gripe espanhola, descoberta do dinheiro,
> primeira calça comprida,
> Sulco de prata de Halley...."[9]

---

6 Colégio Anchieta da Companhia de Jesus, em Nova Friburgo.

7 Sobre o episódio, o poeta escreveu: "Dois anos em Friburgo, com os jesuítas. Primeiro aluno da classe, é verdade que mais velho que a maioria dos colegas, comportava-me como um anjo, tinha saudades da família, e todos os outros bons sentimentos, mas expulsaram-me por "insubordinação mental". O bom reitor que me fulminou com essa sentença condenatória morreu, alguns anos depois, num desastre de bonde na rua São Clemente. A saída brusca do colégio teve influência enorme no desenvolvimento dos meus estudos e de toda a minha vida. Perdi a Fé. Perdi tempo. E sobretudo perdi a confiança na justiça dos que me julgavam. Mas ganhei vida e fiz alguns amigos inesquecíveis. "("Autobiografia para uma revista", In: *Confissões de Minas* (1944).

8 Publicado em *Alguma Poesia* (1930), seu primeiro livro.

9 Publicado em *A Rosa do Povo* (1945).

O amor paterno

Declarou certa vez o poeta, em entrevista a uma folha literária:

> "Meu pai era fazendeiro e realizava o que na minha imaginação infantil, já trabalhada pela literatura, aparecia como detestavelmente antipoético. Era simples, rude, alegre, trabalhador insaciável, bom garfo, amigo de ganhar dinheiro e de instalar comodidades em casa. A primeira calçada de cimento na cidade foi mandada fazer por ele em nossa casa. A primeira banheira de esmalte foi comprada por ele no Rio e fez furor. E foi também um dos vereadores da Câmara que deu luz a Itabira"[10]

Contou o doutor Altivo Drummond de Andrade, que foi o pai do poeta quem levou para Itabira o gado zebu, acrescentando que era homem impetuoso, mas capaz também de ser impressionantemente calmo, a ponto de desarmar qualquer um. Mais adiante veremos um episódio que frustrará bem essa afirmativa.

São frequentes na obra de Carlos Drummond de Andrade as referências ao pai. Em *Alguma poesia*, no poema "Infância":

> "Meu pai montava a cavalo
> ia para o campo,
> minha mãe ficava sentada comendo,
> meu irmão pequeno dormia,
> eu sozinho menino entre mangueiras
> lia a história de Robson Crusoé..."

10 Não há referências ao nome do jornal e data.

O ambiente da família é outra paisagem constante de sua poesia, mas entre todas as aventuras familiares avulta a presença do pai, personagem de um belo soneto incluído em *Claro enigma*, "Encontro", e ainda em "A mesa" e no admirável "Como um convite".

Em "A mesa" o poeta lembra a comemoração do aniversário paterno, que reunia no mês de maio à mesa, todos os anos, os filhos que a vida separara. Mas, é principalmente em "Como um convite" que a presença do pai se impõe, numa dimensão a que a vida, inteiramente diversa do filho poeta, empresta dramaticidade e força. A certa altura do poema, conta Carlos Drummond um episódio real de que, se conhecemos as circunstâncias que o cercaram, compreendemos melhor que a sua poesia se nutre numa realidade vivida, muito mais do que poderíamos supor. Eis o trecho:

> "Vejo no rio uma canoa,
> nela três homens,
> inda que mal pergunte,
> o Coronel sabe nadar?
> porque esta canoa, louvado Deus, pode virar,
> e sua criação nunca mais que o senhor há de encontrar,
> sua mão saca do bolso uma coisa,
> sua voz vai à frente,
> coronel, me desculpe, não se pode caçoar?"[11]

Esta é a história: realizou o pai do poeta certa vez um negócio com um tal Araújo, que lhe ficou devendo. O tempo passou e Araújo mudou-se, declarando-se impossibilitado de solver o compromisso. Soube, entretanto o coronel

---

11 "Como um presente". *A Rosa do Povo* (1945).

que Araújo estava bem instalado e que apenas enrustira a verdade, fingindo-se de falido, e foi procurá-lo. Ante a sua disposição, Araújo acordou em pagar-lhe em gado a dívida. Na hora de subir na canoa para chegar à ilha, Araújo confabulou com o caboclo que ia com ele. O coronel percebeu. E quando no meio da travessia Araújo lhe perguntou se sabia nadar, o Coronel respondeu firme: "Não sei não, mas faço fogo contra aquele que tentar virar a canoa."

Volta a Itabira

Já casado, depois de intensa vida literária, dos tempos heroicos do modernismo, viu-se na contingência de regressar a Itabira, onde lecionou Geografia. Seus ex-alunos relembram que as aulas do poeta prendiam a classe, pela saborosa verve que dava à matéria. Num e noutro verso reporta a experiência como professor de geografia. "A terra é mais colorida do que redonda", ou "América, muitas vezes viajei nas suas tintas."[12]

Drummond Jornalista

Quatro meses depois, entretanto, volta à capital o poeta itabirano e daí por diante identificou sua vida com a imprensa. Não foi apenas um colaborador e cronista, mas antes jornalista de redação. Até hoje seu nome é citado nas redações como um homem que escreve com invejável rapidez e segurança. É apontado como o melhor secretário que até hoje teve o *Minas Gerais*, função em que foi um verdadeiro

12 "América". *A Rosa do Povo* (1945).

"pé-de-boi", como se diz entre gente de jornal. Assentava-se à máquina e escrevia o jornal todo antes de levantar - se.

Integrou a redação de quase todos os jornais belorizontinos, tendo passado pelo antigo *Diário de Minas*, pelo *A Tribuna,* pelo *Diário da Tarde* e pelo *Estado de Minas*. Sua coluna "Bar do Ponto", que assinava como *Gato Félix,* fez época. Igualmente suas crônicas sociais, publicadas no *Minas*, foram moda. Ainda no órgão oficial, fazia diariamente uma seção de culinária, por ele organizada. Tendo estudando química, um dia, o poeta tentado pelo diabo deu a receita de um bolo de sua invenção. Conta-se que a dona de casa que resolveu levá-lo ao forno passou pelo susto de um estampido inesperado e sem maiores consequências.

Nas redações circulam ainda hoje pequenos episódios, pequenas maquinações inconsequentes ideadas pelo poeta, todas demonstrando o espírito de blague e humor de Carlos Drummond. Diz-se dele também que o dom de conversar pelo telefone demorado tempo, sem que nada perceba do que ele diz, quem o ouça falar por estar próximo. Somente o interlocutor distante o ouve então. Deixou, sobretudo, fama de escrever rápido e bem.

Vocação de polemista

O Dr. Altivo Drummond de Andrade considera que o poeta deixou fenecer, por não cultivá-la, uma indisfarçável vocação para a polêmica. Como exemplo, lembra a causticidade de certas definições que Drummond fazia outrora de homens de letras. Agripino Grieco, por exemplo, é definitivo: "Agripino: a biblioteca de Alexandria depois do incêndio".

À biblioteca de Itabira o poeta doou a maior parte de seus livros, perfazendo um total de mais de mil volumes, com dedicatórias.

Vai longa esta reportagem para fazer aqui lembrados outros episódios da vida do poeta. Valeria a pena, por exemplo, não fosse a exiguidade do espaço no jornal, acompanhar-lhe a vida pelas cidades que habitou e sua identificação na obra do itabirano. Itabira, Belo Horizonte, Nova Friburgo, Rio de Janeiro, sem contarmos as visitas às cidades históricas de Minas. Sua poesia desenvolveu-se desde os temas da infância, até temas da vida das grandes cidades. O poeta volta frequentemente ao tema da família, às lembranças da infância. Em meio a uma série de poemas sobre temas citadinos, de repente aparece um boi, memórias mineiras batidas pelo vento marítimo. Mas, sedutor embora, o tema é um descaminho da reportagem.

A maior diversão de Carlos Drummond é lidar com velhos papéis, retratos de família, contou-nos o dr. Altivo. Guarda tudo que tenha interesse para ele. Qualquer notícia ou julgamento de um livro é cuidadosamente guardado. Nada o diverte mais do que reler essas coisas. Principalmente os conceitos menos favoráveis à sua poesia o divertem muito.

"Nunca aliás o ouvi, e são frequentes em nossas conversas, fazer qualquer comentário desabonador sobre quem não tenha compreendido sua poesia", esclarece o Dr. Altivo Drummond de Andrade.

E contou-nos ainda um fato curioso sucedido com um conto do poeta mineiro "Beira-rio" incluído em *Contos de Aprendiz* (1951). O trabalho foi identificado em Coronel Fabriciano como tendo sido o local do episódio narrado. Pessoas que trabalham na Acesita[13] e com muito tempo ali, afirmam que não bastaria o conhecimento do episódio para o conto ser tão real. Seu autor deve ter morado ali também. E não é verdade que Carlos Drummond tenha morado jamais em Coronel Fabriciano. De resto, exceto na infância, só voltou ao interior por quatro meses quando lecionou geografia em sua cidade natal. Portanto, há trinta e tantos anos.

Ao fim do trabalho assalta o repórter um sentimento de frustração: é realmente impossível desunir a vida do poeta de sua poesia e buscar nos fatos uma sequência à parte, porque sendo um poeta que retira dos fatos a vida, que nós, leitores, acreditamos criação abstrata, não há fuga aos belos caminhos apontados pelos versos para buscar a vida, raiz deles.

O estilo poético de Carlos Drummond de Andrade é qualificado de "drummondiano". No adjetivo está inteira uma verdade biológica: o poeta é Drummond pelos lados materno e paterno. E esse adjetivo já hoje transcende o matiz da ironia inglesa, que o sobrenome trai, pela sua origem, para abranger psicologia mais ampla, de família e de indivíduo, caracteres humanos e literários já definidos na paisagem.

---

13 Empresa siderúrgica.

Afonso Arinos de Melo Franco

(1905-1990)

Nasceu em Belo Horizonte, filho de Afrânio de Melo Franco e Sílvia Alvim. Foi casado com Ana Guilhermina Rodrigues Alves (Anah) com quem teve dois filhos: Afonso Arinos, filho (1930) e Francisco Manuel (1933-2015). Era sobrinho do primeiro Afonso Arinos, autor do clássico livro de contos *Pelo Sertão* (1898). Jornalista, professor, jurista, político, ensaísta, historiador e membro da Academia Brasileira de Letras, exerceu intensa atividade política, intelectual, diplomática e parlamentar durante quase seis décadas. Dono de uma obra vigorosa composta por mais de 30 títulos publicados, que abrangem História, Política, Direito, Memória e crítica. Pela qualidade e esforço de realização, merecem destaque especial os quatro volumes de suas *Memórias; A alma do tempo:* formação e mocidade (1961); *A escalada* (1965); *Planalto* (1968); *Alto-mar maralto* (1976) e a biografia de seu pai em três volumes: *Um estadista da República*: Afrânio de Melo Franco e seu tempo (1955).

AFONSO ARINOS AOS 60

(*JB*, 28/11/1965)

Fruição completa das manhãs e nenhuma vivência noturna valeram ao senador Afonso Arinos, ao longo de sessenta anos de condicionamento social, político e cultural na família Melo Franco, uma reserva de energias aplicadas no plano da inteligência. A fórmula revela o segredo do escritor e político que chega aos 60 anos com a jovialidade inesgotável, lúcido para os problemas da atualidade brasileira, atento à realidade continental, apto para a atividade política e liberto das formas de saudosismo que costumam pesar nos homens de idade madura.

A clareza do raciocínio político e do ensaísta literário Afonso Arinos pode ser creditada ao hábito matinal de seu convívio com os livros, obrigação inalterável de quatro horas diárias desde a mocidade, quando descortinou com assistência de um mestre francês o mundo dos clássicos, até a idade madura que o apresenta convertido ao parlamentarismo, pela participação direta na vida pública brasileira. Para pensar, falar e agir, a mais realizada figura da atual geração Melo Franco se coloca invariavelmente ao lado solar da inteligência.

Ainda está por ser avaliada com isenção pelas classes dominantes brasileiras a contribuição política do senador Afonso Arinos de Melo Franco, no breve período em que foi convocado para colocar o seu acervo cultural e a sua visão política a serviço do Ministério do Exterior[1], no governo Jânio Quadros (1961). Enquanto a renúncia do presidente Jânio Quadros puder ser identificada com as formas sob as quais se apresentam, ainda, os problemas brasileiros, não haverá razão capaz de se sobrepor às emoções que perturbam o julgamento dos fatos relacionados à frustração nacional de 25 de agosto de 1961.

O senador Afonso Arinos propõe, como a melhor solução para o Brasil, a atividade constituinte do Congresso, pela necessidade urgente de se harmonizarem as alterações trazidas pelo 31 de março. Defende, também, a reformulação política realizada pelos Estados Unidos no continente e reclama para o Brasil posição dinâmica em lugar da passividade com que nos comportamos à falta de uma política específica do Departamento de Estado para a América Latina.

Ainda reserva as manhãs inteiras – são maiores as manhãs dos que não têm vida noturna – para o convívio com os livros. A leitura – segundo sua definição – "mais do que um hábito ou um gosto, é um modo de ser". Recusa invariavelmente todas as solicitações, mesmo as da política, se significarem quebra dessa longa coexistência matinal entre o homem e o livro.

A política em geral

– É difícil explicar, mas tenho grande afeição pelo povo e tudo que diz respeito à sua vida – afirma Afonso Arinos,

---

1 Ministério das Relações Exteriores (MRE) ou Itamaraty.

depois de confessar incapacidade de conviver com as multidões e sem deixar qualquer nota demagógica recair sobre a conversa, passada entre paredes recobertas de livros no seu escritório aberto para o jardim ao fundo da casa na Rua dona Mariana, em Botafogo.

Para ele, a História e a Política representam formas de compreender e de agir dentro das transmutações sociais permanentes da realidade social. As elites dirigentes de uma nação, segundo Afonso Arinos, detêm a responsabilidade e a possibilidade de transformar para melhor a vida do povo.

A política foi na sua vida uma contingência e conjuntura de família.[2] Depois de hesitar muito tempo em se dedicar à política, aceitou a responsabilidade como forma de preencher o vazio deixado pela morte de Virgílio de Melo Franco.[3] Ocupou na atividade política o lugar que estava destinado ao irmão, que lhe exigia participação política desde cedo. Foi Virgílio quem o convenceu a se candidatar na legenda da UDN mineira, nas primeiras eleições, mas a votação de 1945 não lhe assegurou a cadeira na Consti-

---

2 A história das famílias paterna e materna (Os Melo Franco e os Alvim) foi contada por Arinos, em detalhes e com enorme riqueza documental no primeiro dos três volumes da já citada biografia de seu pai: *Um estadista da República*: Afrânio de Melo Franco e seu tempo (Coleção Documentos Brasileiros, nº 85, José Olympio Editora, 1955).

3 Virgílio Alvim de Melo Franco (1897-1948), foi uma das figuras de maior influência política em seu tempo, o "Ariel" da Revolução de 1930, nas palavras de Osvaldo Aranha. Um dos fundadores da UDN (União Democrática Nacional) teve sua trajetória interrompida por uma morte precoce e trágica em 1948. Escreveu *Outubro 1930* (1931), *A campanha da UDN:* 1944-1945 (1946) e *Sob o signo da resistência* (1947). Foi biografado por Carolina Nabuco em *A vida de Virgílio de Melo Franco* (Coleção Documentos Brasileiros, nº111, Livraria José Olympio Editora, 1962).

tuinte de 1946. Em 1947, com a eleição de Milton Campos para o governo de Minas, abriu-se a vaga na representação udenista na Câmara e de suplente Afonso Arinos passou a deputado. Daí por diante não interrompeu a atividade política: reelegeu-se outras vezes por Minas Gerais e, em 1958, passou ao Senado como representante da Guanabara.

Em 1961, ministro do Exterior do governo Jânio Quadros, é que iria se projetar em definitivo a personalidade política liberada das contingências partidárias, ao se lançar na abertura da política externa a que deu lastro cultural o horizonte alargado pelos novos interesses nacionais. No governo Jânio Quadros o Brasil se voltou para a África revolvida pelo nacionalismo e para o esforço de autonomia continental, em que conquistaríamos de imediato posição para conversar a partir da consciência de interesses diferenciados.[4]

O ponto mais alto de sua atividade política coincidiu com a ruptura da confiança por parte dos setores de maior influência na vida nacional. As classes dominantes brasileiras não conseguiram entender, na época, o alcance da posição continental brasileira no governo Jânio Quadros e até hoje não

---

4 Em 1962, San Tiago Dantas reuniu documentos sobre o assunto e publicou *Política externa independente*, pela Editora Civilização brasileira; Em 2011, a Fundação Alexandre de Gusmão (FUNAG) ligada ao Ministério das Relações Exteriores preparou uma edição atualizada, que pode ser consultada *online* no portal da instituição: www. funag. gov.br. Em 2011, Afonso Arinos, filho publicou *Diplomacia independente: um legado de Afonso Arinos*, pela Editora Paz e Terra. São inúmeros livros e artigos que tratam do tema. Entre obras relevantes, podemos citar CERVO, Amado Luiz; BUENO, Clodoaldo. *História da política exterior do Brasil* (Editora Univ. de Brasília, 2002), SPEKTOR, Matias. *Kissinger e o Brasil* (ZAHAR, 2009) e VARGAS, João Augusto C. *Um Mundo que Também é Nosso*: o pensamento e a trajetória diplomática de Araújo Castro (Editora Univ. de Brasília, 2013)

resgataram a confiança no ministro do Exterior que a formulou e executou com inteligência e convicção. Talvez a convicção tenha sido a parte imperdoável, mas pesou também muito a associação estabelecida, no julgamento das elites brasileiras, entre a política externa do governo Jânio Quadros e o radicalismo político subsequente do governo de João Goulart.

EUA e América Latina

Na seleção de assuntos a que dedica melhor atenção, na maturidade dos 60 anos, Afonso Arinos tem na política continental um dos temas preferidos. Está sempre voltado para os problemas manifestados nas relações dos países da América Latina com os Estados Unidos.

Ele distingue no plano interamericano três aspectos específicos: as relações entre os Estados Unidos e os demais países do continente; a inter-relação dos países que compõem o bloco latino-americano; e as relações bilaterais, onde se configuram os problemas políticos e de fronteira.

Sustenta o Senador Afonso Arinos a existência de uma crise francamente configurada no sistema interamericano. Para ele, a revitalização da aliança e da amizade continental depende diretamente do esforço norte-americano. Está na decisão do Departamento de Estado a reavaliação realista da quota de responsabilidade que cabe aos Estados Unidos. Acusa o governo dos Estados Unidos de não conceber e praticar uma política eficaz e adequada ao continente.

Explica: depois da Segunda Guerra a liderança política mundial tornou os Estados Unidos herdeiro dos problemas que de início se localizaram na Europa e mais tarde se manifestaram na África e na Ásia. O governo norte-americano hoje está sozinho na responsabilidade histórica de encontrar soluções para as grandes áreas asiáticas e africanas localizadas sob sua ação estratégica. A Europa teve prioridade de tratamento e se reencontrou na reconstrução, através do *Plano Marshall*. Hoje as áreas críticas se localizam na Ásia, para onde converge o esforço principal norte-americano.

Mas, adverte: está errado submeter os problemas latino-americanos ao mesmo tratamento dado às dificuldades específicas da Ásia e da África, onde a realidade social, econômica, cultural e política tem configuração própria.

"A frente de luta dos Estados Unidos, neste momento, é no extremo oriente", lembra o senador. A confrontação política dos Estados Unidos se opera nos antípodas do continente americano. A América Latina, no jogo internacional, é utilizada apenas como plataforma de prestígio dos Estados Unidos.

"Na verdade, falta uma política norte-americana para os países da América", assinala. Só existe uma aparência, frágil e abstrata, das linhas de ação para um conjunto de nações que não podem ser tratadas num plano subalterno de amizade e de interesses.

Segundo Afonso Arinos, a missão que cabe ao Brasil, com precedência no plano externo, não está sendo efetivada e vamos nos submetendo à visão inadequada dos problemas continentais, apreciados na perspectiva dos problemas que se equacionam na Ásia.

> "A posição que compete ao Brasil é a de alertar os Estados Unidos para o equívoco de uma integração militar que não se faz preceder da integração econômica. Estamos renunciando a uma posição franca, para nos submetermos passivamente ao horizonte asiático que está no alvo dos interesses dos Estados Unidos."

Há muito – constata – a posição do Departamento de Estado deixou de ser consentânea com a realidade continental.

Capítulo cubano

Quando acompanhou o candidato Jânio Quadros na viagem a Cuba – durante a campanha presidencial de 1960, lembra Afonso Arinos:

> "o regime de Havana estava longe de ter adquirido a caracterização ideológica que Fidel Castro formalizou mais tarde. A Revolução cubana foi a primeira autenticamente popular na América Latina. Não foi uma Revolução realizada por militares e sim pelo povo."

Quando ministro do Exterior, Afonso Arinos empreendeu ação diplomática para evitar o deslocamento ideológico de Fidel Castro para a posição marxista. O objetivo brasileiro era salvar a única Revolução nitidamente popular ocorrida num continente onde o conceito de revolução sempre esteve vinculado a ações militares.

Conta que o Itamaraty preparou documento, aprovado pelo presidente Jânio Quadros, para alertar Havana dos riscos a que expunha a revolução popular cubana à adesão a uma ideologia fechada, rígida e marcada de características não americanas. Essa carta não foi enviada porque o governo brasileiro preferiu credenciar um emissário para transmitir pessoalmente a Fidel Castro a preocupação com que via delinear-se a radicalização do problema cubano.

O senador Afonso Arinos guarda para melhor oportunidade, a ser oferecida pelo futuro, a divulgação desse documento brasileiro que lançará luz retrospectiva sobre o capítulo mais controvertido do governo Jânio Quadros.

Lembra que, em 1960, o ministro do Exterior de Cuba, Raúl Ros, fez na Assembleia Geral da ONU um discurso de definição de princípios em que a tônica era nitidamente anticomunista e isenta de qualquer conotação marxista.

Aos que invocavam, na ocasião, o perigo de uma ação irradiadora de Cuba sobre os países continentais, Afonso Arinos tranquilizava:

> "Não há Napoleão na Ilha. Napoleão é figura continental. Bonaparte é que pode ser habitante da ilha. Não era Napoleão quem estava em Santa Helena ou na Ilha de Elba, e sim Bonaparte. É impossível a dominação militar e política de um continente a partir de uma ilha."

O Senador Afonso Arinos identifica na ação política empreendida pelo presidente Eduardo Frei[5], no processo democrático chileno, a retomada da linha revolucionária popular que se manifestou em Cuba através do Movimento de 26 de julho[6], antes da caracterização ideológica marxista operada dois anos depois da tomada do Poder.

Universo à parte

O primeiro político nascido em Belo Horizonte a chegar à Câmara Federal – relembra com uma ponta de orgulho Afonso Arinos – foi ele. Apesar de resistir às solicitações

5 Presidente do Chile, 1964-1970.

6 Referência ao Movimento Revolucionário 26 de julho (M-26-7) fundado por Fidel Castro em 1954, no México, onde estava exilado.

políticas, dentro da família Melo Franco e na área das amizades, acabou capitulando. "Todos nós temos de passar pelo parlamento", lhe dizia o irmão Virgílio, com a convicção da responsabilidade que atribuía às elites.

– "No fundo – constata Arinos – a política é praticada no Brasil como atividade desligada do condicionamento histórico." É por essa forma que explica e atenua a incapacidade para a prática de formas consagradas como rotina da vida política, feita de mil artimanhas e exercício do prestígio aferido pelo poder de nomear e transferir, pelo menos.

> "Existe uma autonomia institucional em relação à atividade política, que se passa num universo à parte. As condições em que se faz a política evoluem, mas as instituições permanecem. No Brasil a atividade política se configura como realidade social isenta às interferências da realidade", explica Afonso Arinos.

Mas, no que lhe diz respeito, a política é um território para o conhecimento cultural, campo de aplicação da inteligência para elevar o nível das relações entre as classes e os homens. Interessa-lhe a política como instrumento de comunicação, não como universo fechado em suas regras e interesses menores. De qualquer forma, confessa não conceber o mundo sem política.

Duas linhas brasileiras

No seu modo de ver e entender, há duas linhas definidas no processo político brasileiro. São linhas paralelas que ele espera se encontrem numa síntese muito antes do infinito: de um lado se somam o desejo de representação idônea, de eficácia administrativa e moralidade pública, sob a forma de movimentos liberais e constitucionalistas; as componentes da outra linha se identificam com os anseios das massas populares, criadas pela industrialização e caracterizadas pelo comportamento de confiança ilimitada no papel do Estado.

Com Getúlio Vargas a linha popular adquiriu forma e conseguiu contestar a linha constitucionalista e liberal. Mas, relembra Afonso Arinos que na Revolução de 1930 as duas tendências estiveram reunidas: foi o momento mais alto do anseio liberal brasileiro, alma das elites, e a única oportunidade em que o liberalismo foi levado ao povo. Pouco depois Vargas perturbou o processo de síntese e desfigurou a perspectiva com o predomínio da linha de poder pessoal.

Faltou a institucionalização política das duas tendências, define Arinos. Vem daí, no seu modo de entender a realidade política brasileira, a mecânica do movimento pendular que marca as mutações do poder. O sentimento popular despreza os valores que as elites propõem como normas desejáveis e indispensáveis, recusando crédito político às teses liberais. As classes dominantes desforram-se da desconfiança invariavelmente manifestada nas urnas, com a interferência militar no processo político, a fim de restabelecer a prevalência dos valores que não sensibilizam o povo.

Na opinião do senador Afonso Arinos, continuaremos prisioneiros dessa dualidade até que se torne possível a fusão das duas tendências, numa síntese que alie o sentimento liberal aos anseios populares de progresso, numa fórmula viável. As liberdades devem existir para atender às necessidades de progresso e este não pode prescindir daquelas.

Desde 1922, recorda Afonso Arinos, assistiu de perto ao processo político brasileiro: no dia 5 de julho de1922[7] – é a sua opinião – começou a Revolução brasileira, de concepção liberal e reclamada pelas elites. O movimento de 31 de março de 1964 representa a forma definitiva daqueles conceitos políticos transplantados para outra realidade histórica e já muito mais avançada na caracterização das duas tendências que se opõem mais na forma do que no fundo.

Como testemunha do processo político brasileiro, desde a mocidade, só registra duas ausências: em 1924 e 1925 quando esteve na Europa em tratamento de saúde e temporada de estudos; também em 1931 e 1932 não viu de perto os acontecimentos. Já em 1945, participou da redemocratização, e em 1954 e 1955 estava na ação política com responsabilidade de liderança parlamentar da minoria. Viveu no centro dos acontecimentos.

O grande canal: Constituinte

É como professor de Direito Constitucional (catedrático da Faculdade de Direito da Universidade do Brasil), que Afonso Arinos propõe, com base na experiência política brasileira, a Constituinte para o encaminhamento natural de uma estrutura constitucional revolvida pelos homens de 31 de março de 1964. "Neste momento o Brasil não tem fi-

7 Em protesto à eleição de Arthur Bernardes em março de 1922, ocorreram levantes militares na Escola Militar do Realengo e no Forte de Copacabana. Os movimentos iniciados em 05 de julho são considerados marco das revoltas tenentistas que se arrastaram por toda a década até a eclosão do movimento de 1930.

sionomia política. Estamos com o rosto de alguém que acabou de fazer uma operação plástica. Não temos ainda uma face para mostrar. A cicatrização é a tarefa constituinte."

Não precisamos de uma Constituição originária – explica – que os constitucionalistas definem como consequência imediata de uma grande alteração política, canal por onde se organizam e se escoam as águas impetuosas de uma Revolução.

Caberia no caso brasileiro uma Constituinte instituída, propõe Afonso Arinos, porque já decorreu um prazo dilatado entre os acontecimentos desencadeados a 31 de março e o momento em que se faz necessária a solução formal. O que houve no Brasil, segundo o senador, foi uma alteração profunda, organizada com as forças de uma conjuntura e não uma arregimentação de fundo popular. "O Congresso atual pode perfeitamente realizar a tarefa constituinte, desde que para isso cessem as pressões sobre ele exercidas, em prejuízo das iniciativas e composições de forças nele representadas."

Impasse e saída

Há algum tempo o senador Afonso Arinos se declarava convencido da inevitabilidade do impasse político definitivo.

Os fatos lhe deram razão e criam as condições para a reforma de profundidade institucional, único meio que acredita viável para assegurar a estabilidade política a longo prazo.

Ele propõe como saída para a sucessão de crises do regime – no curso das quais se convenceu da solução parlamentarista – a procura de uma forma de poder que reserve ao Congresso uma parcela de responsabilidade política na esfera do Executivo. Só através de uma reforma que nos liberte do presidencialismo rígido, fonte de dificuldades inumeráveis, considera possível remover os focos das crises geradas na esfera do Executivo.

Para ele, a eleição indireta do presidente da República não opera o milagre e só a redivisão do poder, na configuração parlamentarista com características específicas do comportamento político brasileiro, poderá absorver num mecanismo realista as dificuldades descarregadas sobre o regime presidencialista.

A eleição indireta, sem a redivisão do poder, acumula sobre o Congresso todas as dificuldades e centraliza na área legislativa uma pressão muito superior à capacidade de resistência da representação popular.

Na sua opinião, o Congresso não tem maior parcela de responsabilidade do que as demais instituições brasileiras, no que diz respeito à crise nacional. As responsabilidades devem ser divididas em quotas iguais e todas as instituições brasileiras encontram-se no mesmo plano de culpa.

O Congresso não é a estátua da infâmia, diz o Senador Afonso Arinos, que não se cansa de realçar a importância política de estar aberto o Legislativo. O Congresso é um ponto de referência democrática no quadro atual, instrumento de cooperação com possibilidade de oferecer em cada dificuldade a vencer uma contribuição valiosa. Enaltece o sentido da resistência assinalada na Câmara e no Senado, às medidas de exceção pretendidas pelo Governo.

Entende que o Governo de abril não teve condições políticas para dissolver o Congresso. Dispunha de força suficiente para tanto, mas não tinha a convicção da necessidade; o Legislativo foi mantido por reflexão e cálculo político da parte dos novos detentores do Poder.

Formação literária

Às vésperas de completar 60 anos Afonso Arinos inclina-se com atenção sobre os fatos brasileiros e acompanha os trabalhos da Conferência da OEA. Os demais assuntos em que a sua inteligência se aplica com idêntica lucidez não sustentavam a entrevista, transcorrida entre objetos de arte, retratos de família e as estantes onde se alinham, em dois andares de escritórios, os livros de sua intimidade frequentada por autores clássicos e modernos.

Afonso Arinos assinala em sua formação literária duas correntes de influência muito fortes. Através dos irmãos mais velhos, o embaixador Caio de Melo Franco e Virgílio, ambos interligados aos temas da política e das letras, beneficiou-se na presença dos amigos deles na família. Eram Jaime Ovale, Olegário Mariano, Raul Leoni, Correia Dias, Assis Chateaubriand, os frequentadores da casa e amigos dos seus irmãos mais velhos. A outra vertente de influência na mocidade foi a leitura dos autores de sucesso na época, Anatole France, Paul Bourget e Rodenbach. Reconhece, porém, que nenhum deles o marcou, mas em conjunto lhe descortinaram o mundo literário. Não marcaram porque não correspondiam ao seu temperamento.

Intimidade literária que começou na mocidade é Eça de Queiroz. Até hoje Afonso Arinos cisca nos textos do criador do *Primo Basílio*, releitura das vésperas dos 60 anos. "Sou um velho e fiel amigo de Eça", escrevia há muitos anos num artigo sobre a vida e obra do escritor português de sua devoção. Eça não está sozinho: Fialho de Almeida lhe faz companhia.

A descoberta de Machado de Assis veio mais tarde um pouco, quando descobriu a força oculta do substantivo que a mocidade, voltada para a revelação dos adjetivos, não percebe.

Ainda sobre Eça, há um trecho no artigo em que ele recorda sua passagem por um quarto de sanatório na Suíça: "Adolescente, em busca de saúde, lia os maiores romances da língua portuguesa", talvez "no mesmo quarto em que Eça, no fim da vida, se recordava dos tempos ardentes em que os tinha composto".

Descoberta dos clássicos

Em 1924, Afrânio de Melo Franco partiu para Genebra como Embaixador do Brasil. Interrompeu os estudos e passou dois anos com o pai, que lhe destinou como professor aquele que o introduziu no mundo dos clássicos franceses. Foi o professor Albert Sechehaye quem lhe despertou, através de cursos especializados, o interesse pelo conhecimento de Montaigne, Pascal e Rousseau.

Dessa iniciação metódica lhe ficou o vício da leitura dos *Ensaios*, "um livro que a gente pode ler de tudo e sem nenhum propósito determinado", conforme depõe no prefácio de *O Índio Brasileiro e a Revolução Francesa*[8]. Em 1931 voltou à Europa para nova temporada suíça e dessa vez se interessou, especificamente, pela obra de Jean Jacques Rousseau, "nos longos ócios forçados de minha vida no sanatório alpino".

Do encontro de referências idênticas sobre o índio brasileiro, em páginas de Montaigne e Rousseau, pretendeu fazer um artigo. A pesquisa gerou um livro. Os dois autores clássicos franceses são marcas definidas de sua formação

8 *O Índio Brasileiro e a Revolução Francesa:* as *origens brasileiras* da teoria da bondade natural. (Coleção Documentos Brasileiros, nº 7, Livraria José Olympio Editora, 1937)

cultural e podem identificar um dia – a quem puder fazê-lo – o modo de pensar e a conduta política de um homem que já conheceu a unanimidade do aplauso das classes dirigentes e se tornou o mais discutido sobrevivente de um grupo que a morte levou ou a política prescreveu.

As duas temporadas na Europa abriram-lhe caminhos novos na formação literária em que os clássicos lhe asseguraram "diretrizes concatenadas de cultura", nos cursos ministrados pelo professor Sechehaye. Há muitos anos, na mocidade que vai longe, Augusto Frederico Schmidt o definiu como "discípulo direto" de Eça. Hoje, Afonso Arinos se considera discípulo distante de Montaigne, infenso, porém, ao aspecto demoníaco do autor dos *Ensaios*.

Estudos brasileiros

Na véspera dos 60 anos, Afonso Arinos relembra a sua participação no Movimento Modernista, "no período de evolução de simples esforço de técnica para um esforço construtivo de caráter nacional". Na época, cursava a Faculdade de Direito.

Faltou à Semana de Arte Moderna de 1922 "espírito nacional mais nítido". Ele compara a primeira fase do modernismo à importação de máquinas para destruir a edificação literária da época. Mais nada.

Define sua participação na segunda etapa do Movimento Modernista: situa-se no grupo daqueles que passaram da criação literária para o estudo dos problemas brasileiros, onde se realizou como ensaísta e historiador, ao mesmo tempo que outros se especializaram no aproveitamento da realidade brasileira como matéria de ficção. Estão nesse caso as obras do ciclo do Nordeste no romance brasileiro, com os nomes de José Américo de Almeida, José Lins do Rêgo, Amando Fontes e Raquel de Queiroz. Nos estudos brasileiros, o esforço reúne em obras realizadas Gilberto Freyre, Sérgio Buarque de Holanda e Afonso Arinos.

Interferência sentimental

A conversa e a tarde quente chegam ao fim. O senador Afonso Arinos confessa que "fiz muito tarde o descobrimento da natureza. Uma flor, uma árvore, só muito depois da mocidade tiveram significação para mim". Os grandes temas cedem a vez e desanuviam o perfil político, que as fotografias mostram fechado em seriedade. São relembradas amizades do tempo de Belo Horizonte, a redação do *Diário de Minas* chefiada por Carlos Drummond de Andrade. Aparecem na conversa João Gomes Teixeira, Pedro Nava, João Pinheiro Filho, Milton Campos, Pedro Aleixo, Gustavo Capanema, Magalhães Pinto. "A *Folha de Minas* foi fundada por Virgílio como instrumento de luta contra Getúlio", relembra o seu primeiro diretor, Afonso Arinos.

A linha da recordação mineira é interrompida: Afonso Arinos não deixa passar a oportunidade: trata-se de devoto fiel de Stendhal, que classifica de "companheiro de viagem". O sentimento da Itália, de Roma particularmente, os une indissoluvelmente. Está atrasado na promessa aos amigos, mas não desiste de escrever *Amor a Roma*[9], onde reunirá o eco de todas as leituras sobre a capital da Itália, tema de po-

9 Publicado em 1982.

ema de Pedro Nava e paixão de San Tiago Dantas, Stendhal, Balzac, Proust – o Senador divaga.

Recorda Belo Horizonte e gratifica a capital de Minas: era, no seu tempo de moço, centro político nacional. Recorda a presença de figuras políticas em Belo Horizonte antes de 1930 para decidir a sorte da República. Uma cidade metropolitana, onde leituras e hábitos franceses exerciam poderosa influência sobre famílias chegadas do interior.

Não esquece o Rio de sua infância, onde havia "lugar para tudo, por volta de 1915". Esse Rio, retocado por Rodrigues Alves[10], apresentava-se ainda refinado e aristocrático. As recordações vão mais longe no tempo: Afonso Arinos revive pescadores italianos, de brincos nas orelhas, na praia de Copacabana, quando havia apenas a igrejinha do Posto 6, antes do Forte que ficou como o marco da Revolução que tomou forma em 1922.

O Senador Afonso Arinos ativa a memória, mas não cede ao saudosismo. A voz não se altera. Trata-se do homem que não praticou esportes e sobre quem as multidões festivas exercem efeito inibidor. Não frequenta estádio de

---

10 Francisco de Paula Rodrigues Alves (1848 – 1919), foi presidente da República entre 1902 e 1906. Reeleito em 1918, não tomou posse em função de graves problemas de saúde. Assumiu seu vice Delfim Moreira, que logo começou a apresentar sintomas de uma esclerose que limitaria sua capacidade mental. Em função da doença do Presidente coube a Afrânio de Melo Franco, ministro de Viação e Obras Públicas, dirigir o governo até novas eleições, em 1919. Em função de sua atuação no período, Afrânio foi chamado pelos contemporâneos de "o regente da República". Sobre a vida política do ex-presidente, que era também avô de sua esposa Anah, Arinos escreveu a biografia: *Rodrigues Alves*: apogeu e declínio do presidencialismo, 2 vols. (Coleção Documentos Brasileiros, nº 155, José Olympio Editora, 1973);

futebol, não brinca o carnaval, nem o atraem as praias. Não cumpre atividades sociais, exceto as indispensáveis no âmbito familiar. A sombra da doença, que lhe marcou a mocidade, ensinou o repouso, e os livros se tornaram inseparáveis no exercício da paciência requerida.

Fruição completa das manhãs e nenhuma vivência noturna, fórmula correta para chegar aos 60 anos não apenas parecendo ter vinte menos, mas pensando e agindo como um homem de 40 anos.

AFONSO ARINOS, JORNALISTA

A nota da Livraria José Olympio na abertura de *A Alma do Tempo*[1] enumera, uma a uma, as facetas brilhantes do espírito que Afonso Arinos de Melo Franco apurou na vida pública.[2]

Mas a editora deixa sem realce o jornalismo, que foi o vestibular do homem público mais completo da sua geração. Com a sua mão restauradora, porém, o tempo retoca a formação liberal do mestre Afonso Arinos com o perfil nacionalista e a confiança no papel do Estado, nem mínimo nem máximo, mas na medida exata.

Na breve - mas intensa - passagem pela direção dos jornais *Estado de Minas* e *Folha de Minas*, na encruzilhada em que o Brasil, pode-se dizer, entrou no século XX, Afonso Arinos deu contribuição de qualidade à modernização bra-

---

1 *A alma do tempo*: formação e mocidade, primeiro volume das memórias de Afonso Arinos foi publicado pela Livraria José Olympio Editora, 1961

2 Publicado originalmente na *Revista da Academia Mineira de Letras*, Ano 84, Volume XL, abril, maio e junho, 2006.

sileira, como integrante da ínclita geração a que pertenceu (mas ainda por ser devidamente avaliada em conjunto).

As quatro eleições sucessivas de Franklin Roosevelt foram, para todos eles, o saldo do século XX e uma fonte de atualização do papel liberal do Estado. Inspirados pela experiência da responsabilidade social do governo dos Estados Unidos na grande depressão econômica, Arinos e seus companheiros de vida pública apostaram pesado na democracia. E ganharam.

Escritor e professor, parlamentar e diplomata, jurisconsulto e erudito, historiador e cientista político, crítico e ensaísta literário, além da iniciação na poesia com a liberdade do Modernismo – como lembra a nota de abertura do livro de memórias – dão a visão fragmentada de uma lucidez inesgotável voltada para a cultura e a História do Brasil.

Um título que caberia com precisão em Afonso Arinos é o de polígrafo. Escritor em vários campos de criação intelectual. A palavra, porém, está recolhida aos dicionários para dar ciência de um aparelho que, ao mesmo tempo, tirava cinco cópias de um texto, mas nada tem a fazer na era da eletrônica. Publicista é outra palavra que saiu de circulação, porém, meio século antes, definiria a vasta cultura de Arinos, identificada com tudo que diz respeito à vida pública. A primeira acepção de publicista é reservada aos conhecedores do Direito Público e, nas seguintes, aplica-se a quem entende de escrever e escreve para o público. A Afonso Arinos se aplica toda a variedade de significados da palavra esquecida. Ele foi polígrafo e publicista, consagrado pelo voto dos cidadãos em vários mandatos representativos e um oposicionista por vocação e prêmio.

No decurso do movimento modernista, nos anos de 1920, o poeta se iniciou nas relações com as musas e, na primeira metade dos anos de 1930, o jornalista foi decisivo na formação adulta do homem público. As duas manifestações características do espírito jovem, a poesia e o jornalismo, com o tempo cederam a precedência ao historiador, ao professor, ao parlamentar, ao diplomata, ao jurisconsulto, ao cientista político, ao crítico e ensaísta literário.

Mas, o jornalismo foi, para Afonso Arinos, principalmente a via de passagem do pensamento à ação. Sem a responsabilidade do jornalismo político, testado na elaboração diária dos editoriais e dos artigos de fundo, numa época vulcânica como foram os primeiros anos que se seguiram ao fim da Primeira República, o gosto pela ação pública não o teria certamente desafiado a vida toda.

> "Em *O Jornal* publiquei, sem assinatura, os meus primeiros escritos, como, por exemplo, o noticiário sobre a visita de Marinetti ao Morro da Favela, trabalho que entusiasmou o generoso Assis Chateaubriand que, por ele, me deu um telefonema e mandou-me – naquele tempo! – cinquenta mil réis."

Antes, porém, no começo da vida adulta na Belo Horizonte onde nasceu, mestre Arinos costumava visitar, todas as tardes, os amigos de letras e mocidade na redação do antigo *Diário de Minas* – que "parecia uma espécie de mensagem espírita", "composto e impresso sem linotipo nem rotativa", que "quase ninguém lia, e tinha, contudo, inegável influência política."

O convívio diário com o redator-chefe, o amigo Carlos Drummond de Andrade, e os redatores, também companheiros de geração, o afeiçoou ao espírito das redações de jornal. Sendo vedado ao órgão oficial *Minas Gerais* fazer política em seu noticiário, o *Diário de Minas* – tinha a função de boletim oficioso da comissão executiva do PRM (Partido Republicano Mineiro), a famosa *tarasca*, e cabia-lhe exprimir, na sutileza dosada dos seus editoriais, o obscuro pensamento dos cautos próceres estaduais. "Era o crepúsculo da República Velha."

O prazer de redigir tópicos, notícias, crônicas sobre política internacional, era "remunerado pelos padrões da época". Aos olhos metropolitanos de Afonso Arinos, criado no Rio de Janeiro, aquela Belo Horizonte a que voltara adulto, já casado, tinha a função de "filtro civilizador" de uma população de procedência sertaneja. Revigorava o espírito nas raízes dos Melo Franco.

Uma crônica publicada em *O Jornal*, sobre um passeio a Sabará pela nova estrada de rodagem, valeu-lhe um telegrama de Chateaubriand pedindo-lhe que não interrompesse a colaboração nos *Associados*. Afonso continuou a "estampar crônicas literárias" no jornal que foi, até desaparecer, o centro de comando dos *Diários Associados* por mais de meio século.

O posto decisivo do jornalismo de Afonso Arinos foi a direção política dos *Associados* em Minas: "Não sei em que mês de 1933 – conta em *A Alma do Tempo* – assumi a direção dos *Diários Associados* de Belo Horizonte" – que eram o *Estado de Minas* e o *Diário da Tarde*, por motivos "exclusivamente políticos".

Diariamente escrevia o artigo de fundo "em corpo destacado". "Pude dar ao *Estado de Minas* aquele tom firme e vivo que robustece o prestígio dos jornais". Afonso Arinos tinha 27 anos quando viveu a experiência que amadureceu o jornalista e despertou o político. Ele se deixava ficar em segundo plano para não competir com o irmão. Fervia a situação em Minas e Virgílio era um dos nomes diretamente cogitados para substituir, como interventor, na sequência dos acontecimentos de 1930, o último presidente de Minas Gerais, Olegário Maciel, morto inesperadamente em 1933.

Com a tomada de posição de Assis Chateaubriand a favor de São Paulo em 1932, Virgílio de Melo Franco assumiu a orientação política dos *Associados* em Minas e entregou a Afonso Arinos o comando editorial e político do *Estado de Minas*, sem nada a ver com a empresa e a vida financeira dos jornais associados. Era uma experiência nova. A fórmula evitou problemas para os dois jornais dos *Associados*. Logo depois, na sucessão de Olegário, Getúlio Vargas decidiu a questão com o seu método favorito, deixando "amadurecer a crise" para fazer, com um toque de surpresa, a opção entre Virgílio de Melo Franco, patrocinado por Osvaldo Aranha, e Gustavo Capanema, apadrinhado de Flores da Cunha. Era a sucessão mineira conduzida de fora de Minas, e por controle remoto dos gaúchos. A escolha de Benedito Valadares encerrou a questão à mineira, mas enraizou em Minas a futura oposição que iria resistir a Vargas até 1945.

(Vale lembrar que a vida política de Afonso Arinos se passou toda na oposição. É marca histórica. A breve exceção foi hiato no governo Café Filho, como líder da bancada da UDN na Câmara, mas sem se responsabilizar pela liderança do governo.)

A Alma do Tempo traz de volta o que Afonso Arinos recolheu como saldo da passagem pelos *Associados*: "A vida de imprensa passou a me interessar verdadeiramente", escreveu nas *memórias*. O *Estado de Minas*, "dentro da modéstia provinciana, era um jornal autêntico". Relembra Rubem Braga, no começo da carreira de repórter e cronista, "magro e já então silencioso, caçoísta e meio casmurro", fazendo uma crônica diária "leve, aérea, colorida, franjada sempre de ironia e ternura", "uma espécie de janela aberta sobre a vida natural e livre", e que, na sua opinião, fazia o contrapeso em relação aos editoriais políticos e aos tópicos sobre economia (já naquela época).

Entre as consequências da sucessão de Olegário Maciel, deu-se o choque de Arinos com Assis Chateaubriand. Estando ele na direção do *Estado de Minas*, uma ordem do Rio, dada por Chateaubriand pelo telefone, retirou um editorial de Afonso Arinos (sem que lhe fosse dado conhecimento), e ele então se demitiu em sinal de protesto. Foi um caso de inspiração ética da decisão política.

É curioso que o próprio Afonso Arinos tenha feito a observação de que reconhecia em todos os companheiros de redação "a mentalidade do bom jornalista profissional, (e queixava-se) que nunca pude adquirir". Mas não estava esgotada a experiência. A partir do episódio, o tempo do jornalismo militante de Arinos passou à segunda etapa. Depois dos *Associados*, lançou-se ao lançamento da *Folha de Minas*. E, por último, ocupou-se apenas de colaboração variada. Fez crítica literária no *Diário de Notícias* e colaborou em *A Manhã*.

No começo de 1934, ao deixar os *Associados*, Afonso Arinos – que havia tomado gosto pelo jornalismo – continuou a experiência num jornal fundado para sustentar a causa oposicionista que estava órfã em Minas. O irmão Virgílio, sempre voltado para a ação política, tomou a frente do projeto, reuniu a colaboração financeira e comprou no Rio uma rotativa recondicionada, em bom estado, para ser montada em Belo Horizonte. Afonso reuniu em julho de 1934 um grupo de jornalistas dispostos à aventura de lançar um jornal oposicionista em Minas. Nasceu a *Folha de Minas*, que além dos escritores e jornalistas locais contou com a colaboração de Gilberto Freyre, Manuel Bandeira, Mário de Andrade, Sérgio Buarque de Holanda, Rodrigo Melo Franco de Andrade, Gastão Cruls. A *Folha* nasceu oposicionista e morreu governista, mas sem perder o espírito experimental e o gosto da modernidade.

"Quem percorrer a coleção do bravo diário provinciano verá que ele, de certa maneira, renovou a técnica da imprensa em Minas, e reuniu, durante meses, entre os seus colunistas, uma plêiade brilhante de escritores nacionais", assinalou Arinos nas memórias. Posteriormente, Paulo Mendes Campos, Murilo Rubião, Fernando Sabino, Otto Lara Resende, João Camilo de Oliveira Torres, além de muitos outros, passaram pela redação da *Folha*. Mas, sem a alma oposicionista, já não era o mesmo jornal, embora mantivesse o culto da inteligência.

A *Folha de Minas* circulou, na oposição, de meados de 1934 a fins de 1935, com centenas de artigos políticos e literários assinados por seu fundador e diretor. Lembra Afonso Arinos sobre a aproximação do fim do jornal: "Não nos ocorreria nunca praticar os expedientes habituais de que se sustenta a imprensa, na sua maior parte". Quis sobreviver, por meios normais, mediante venda avulsa, publicidade comercial e assinaturas, mas os custos eram maiores do que a receita. Era fatal a fórmula num país que ainda estava longe da idade do consumo e da industrialização, que demoraria mais trinta ou quarenta anos. A censura imposta aos meios de comunicação, em decorrência do 27 de novembro de 1935, por causa do levante da Praia Vermelha, liquidou a possibilidade de sobrevivência do jornal oposicionista em Belo Horizonte. Relembra Arinos:

> "A vida, já precária, tornou-se impossível. Começou então a humilhante e penosa história dos atrasos de pagamento dos empregados e fornecedores. Só sei que entregamos tudo, sem qualquer exceção, a dois bancos, os quais, em seguida, passaram o jornal para a posse do governo estadual".

Diz mais: "A *Folha de Minas* foi, sem dúvida, um sucesso intelectual e, até certo ponto, um êxito jornalístico, mas desde logo se tornou ameaçadora a sua situação financeira." Ele, Afonso Arinos, tinha então 29 anos e, por ironia, o jornal com a chama oposicionista, em dois anos de desafios, foi parar nas mãos do governo por manobra de uma operação bancária.

Enquanto Afonso Arinos viveu, com a dignidade da oposição a vida toda, o jornal que ele criou para exercer a fiscalização do governo sobreviveu, mas sem o viço da crítica, que não seria compensada pelo recato dos áulicos, mesmo com as graças da boa vontade oficial.

Eram dessa estatura os liberais que sustentaram o século XX no Brasil.

Pedro Nava

(1903-1984)

Nasceu em Juiz de Fora, filho do médico José Pedro da Silva Nava e Diva Mariana Jaguaribe Nava. Casado com Antonieta Penido, não teve filhos. Poeta, médico reumatologista, professor, pintor amador, memorialista. Formou-se na Faculdade de Medicina de Belo Horizonte em 1927. Integrou o grupo de jovens que fizeram o movimento modernista em Minas. Mudou-se para o Rio em 1933 onde manteve o convívio com os mineiros seus contemporâneos na capital do país. Toda a sua vida literária está presente na obra memorialística composta de sete livros. *Baú de Ossos* (1992), *Balão Cativo* (1973), *Chão de Ferro* (1976), *Beira-mar* (1978), *Galo das trevas* (1981), *O Círio Perfeito* (1983) e *Cera das Almas* (2006), inacabado e publicado postumamente. Sua monumental obra memorialística é considerada uma valiosa fonte de inspiração criativa e testemunho de toda sua geração.

DO FUNDO DO BAÚ: AS MEMÓRIAS DE PEDRO NAVA

(Entrevista concedida a Wilson Figueiredo e Luiz Paulo Horta, *JB*, 11/02/1979)

Beira-Mar (1978), quarto volume das memórias de Pedro Nava, tem na capa o pão de açúcar; mas Nava chega à última página sem chegar ao Rio de Janeiro. A força multiplicadora da memória venceu o memorialista, e da previsão de oitenta páginas para reconstituir seu tempo de acadêmico de Medicina em Belo Horizonte, a Belo Horizonte da sua iniciação literária e boêmia, acabaram necessárias trezentas e tantas que só levam até Juiz de Fora. Cauteloso, o memorialista agora anuncia um próximo volume; mas não adianta o título.[1]

Edições sucessivas mostram que há sempre novos leitores que entram no circuito integrado dessas memórias com mil portas abertas. Qualquer sequência de pura criação verbal, um retrato particularmente vívido da sua imensa galeria de figuras, um filão familiar mineiro ou simplesmente

---

1 *Galo das Trevas* (1981), Livraria José Olympio Editora.

a reconstituição de uma época, vão introduzindo sempre domingo e feriado – interminável.

Uma parte das memórias de Nava será um acerto com o passado:

> *"Porque escrever memórias é um ajuste de contas do eu com o eu, e é ilícito a si mesmo."*
>
> *"Depois de escrito, o que foi ressuscitado estará, então, definitivamente morto".*
>
> *"Um grande bem me chega depois desses ajustes de contas. Depois de caricaturar meus rancorizados eles perdem completamente o travo e posso pensar neles até com piedade. Liberto-me do ódio."*

Mas meio século depois da nossa implosão cultural pelo Modernismo, suas memórias talvez sejam, igualmente, a mais feliz realização da maneira brasileira de escrever que Mário de Andrade preconizava, mas que não teve tempo ou naturalidade para realizar.

Proust aberto ao acaso (depois de uma leitura completa), todas as noites, anos a fio, o ensinou a nadar na corrente da memória. De Machado de Assis apenas a admiração tardia – quando a sua influência desbastadora não mais prevaleceria – e um sentimento crítico. Muito de Eça de Queiroz, devoção inconfessável, por estar proscrito quando fez sua iniciação literária. Também todas as noites, e antes de Proust, *Os Sertões*, que Virgílio de Melo Franco lhe passou bem cedo e que foi para ele "*o que é a Bíblia para os protestantes*".

As coisas de família - retratos e cartas, lembranças conferidas em intermináveis conversas - são a matéria-prima, além da carga de alegrias e sofrimentos, amizades e incompreensões. Antes de começar um novo livro, Nava toma nota num caderno, como método de avivar as referências de um período escolhido, e recorre até ao desenho para recuperar pessoas ou casas com a exatidão que o tempo apagou. A casa pronta, o leitor é convidado a entrar. O passado refeito ensina a contemporizar com o presente, a viver em grupo e a individualizar a amizade múltipla. Pedro Nava ensina a viver a quem não soube aprender em tempo.

WF - Nava, esse tesouro da sua memória tem umas coisas engraçadas. O Autran Dourado, por exemplo, depois que leu o *Beira-Mar* me disse que Belo Horizonte devia lhe fazer uma estátua, porque você a reabilitou.

- Mas Belo Horizonte era mesmo boa, foi excelente. A Raquel de Queiroz é que disse que Belo Horizonte era criação puramente minha e do Drummond, que não existe nada daquilo, que nós é que estamos inventando para fazer água na boca de todo mundo. Mas era mesmo magnífico, aquilo no meu tempo era ótimo.

WF - Mas nós viemos aqui por causa do seu método, que é um problema realmente fascinante. Você se exercitou? Como é que começou isso de escrever memórias? Explodiu na maturidade?

- Não exatamente; voltando um pouco atrás, eu comecei a fazer um diário logo que me formei e fui para Juiz de Fora, chateado, sozinho...

WF - Você já tinha apanhado os papéis do seu avô?

– Já. Eu já tinha as cartas e fotografias que meu avô me deu quando passou por Belo Horizonte vindo do interior e indo para o Ceará.

> *"... e ele passava o dia distribuindo objetos, jogando fora roupas velhas, suas fardas da Briosa, suas espadas ferrugentas, as do pai visconde – do Paraguai, da Corte. Chegou a vez dos retratos de família e da papelada do Halfeld. Passava com maços tirados de suas gavetas, atravessa sala de jantar, copa, cozinha e despejava tudo nas latas usadas de querosene que nos serviam de lixeiras. Aquela liquidação apertou meu coração. Ousei pedir. Se ele não quisesse mais eu guardava aqueles documentos e retratos. Querer não quero, a prova é que estou jogando fora. Agora, se você se interessa por esse restolho todo, fique com ele. Só que não quero mais ver essa porcaria na minha frente. E que lhe aproveite. Aproveitaram. Sem esse arquivo eu não teria podido completar a história da minha família materna e seria impossível o Baú de ossos[2]..." (Beira-Mar).*

Eu fiz um diário em Juiz de Fora, mas joguei fora, porque a dona da minha pensão ia ler, descuidava e me perguntava: "*Dr. Nava, aquela sua tia assim assim, já morreu?* E eu: *Mas como é que a senhora sabe disso Dona Ma-*

---

2 *Baú de ossos* (1972), primeiro volume das *Memórias* de Pedro Nava foi publicado pela Editora Sabiá, de Fernando Sabino e Rubem Braga, depois incorporada à Livraria José Olympio Editora. Em comemoração aos 40 anos de seu lançamento, a Companhia das Letras reeditou, a partir de 2012, a obra memorialística de Pedro Nava, com coordenação editorial e valiosos estudos de apresentação do sociólogo André Botelho.

ria?" Ela embrulhava e eu via que ela estava lendo e que não tinha privacidade nem possibilidade de fazer uma coisa íntima. Então, desisti e parei. Fiz também um diário na época do Getúlio, dos acontecimentos, daquelas incoerências, daquelas safadezas, que se faziam aqui. Eu fui fazer uma viagem, ou por outra, depois do Manifesto mineiro (1943), estando meio visado, entreguei isso a um amigo pra guardar na casa dele. Mas deu uma crise de medo lá nele – jogou tudo fora.

WF – Quando é que você começou a organizar sua memória?

– Foi quando comecei a escrever.

LPH – Você praticava a conversa?

– Praticava. Conversava muito com minha mãe, com minhas tias, de modo que estava sempre a par dessas histórias de família. O *Baú de Ossos* é todo história de família. Aquilo eu arranquei de uma tia materna, de minha mãe, de duas tias paternas. Por sinal todas essas minhas tias eram muito inteligentes, muito espertas. Com a minha insistência no assunto, elas de repente fecharam-se em copas. Perceberam que eu estava fazendo uma investigação, alguma coisa que não seria do agrado delas: divulgação daquelas notícias, escrever aquilo... Eu notei sua reação. Elas começaram a negar os fatos, a dizer que não se lembravam e ficaram, de repente, as três, inteiramente por fora. Minha mãe não tinha a menor suspeita.

WF – Você sempre usou muito esse diálogo com sua mãe, esse esclarecimento familiar todo...

– É. Minha mãe morreu em 1969. Foi exatamente o ano em que eu comecei a escrever. Não, eu comecei a escrever minha mãe ainda não tinha morrido. Foi mais ou menos em 1968 que comecei o *Baú de Ossos*. Minha mãe morreu em abril e eu já estava escrevendo.

WF – Começou como uma vontade de escrever ou como uma vontade de ordenar a memória?

– As duas coisas. A vontade de organizar a memória e a vontade de escrever, também.

WF – Quando você pediu ao major[3] as fotografias e papéis de família tinha algum propósito de vir a escrever memórias ou foi apenas por curiosidade?

– Era curiosidade sobre a família. A necessidade de conhecer. Eu sempre lidei com esses papéis. Quanto aos meus, pessoais, lembro que eu mesmo destruí grande parte porque fui ver umas cartas de pessoas que tinham morrido e me deu uma fossa muito grande. Joguei fora, destruí uma grande parte. As fotografias, não. Tenho um arquivo fotográfico muito grande, que eu vivo planejando organizar, porque depois ninguém mais vai conseguir saber quem é. Qualquer hora tenho de começar, senão a gente morre e larga por aí... E são fotografias que vêm de anos e anos de família.

WF – É um negócio difícil de lidar, a gente para e perde o rumo... Como é que você conseguiu, digamos, do que seria um capítulo de *Beira-Mar* esticar até dar o livro todo? Da história da faculdade de medicina, você tinha

3 Major Joaquim José Nogueira Jaguaribe, avô de Pedro Nava.

aquilo tudo dentro de você? Você diz que sempre que vai a Belo Horizonte conversa com um de sua turma.

– Pedro Sales, que é historiador da medicina. Confesso que muita coisa devo a ele e a Aurélio Pires – historiador da nossa faculdade.

WF – As histórias são contemporâneas, a da faculdade e a de Belo Horizonte. Como é que você foi se desenvolvendo? Se você quando começou a escrever sobre a faculdade de medicina, se a coisa já estava assentada, digamos o seguinte: o seu exercício de memória permanente, cria em você o hábito de ir alimentando o seu computador?

– Não, eu fui disciplinando a minha maneira de preparar o que eu ia escrever, depois da experiência de escrever. Você vendo o princípio do *Baú de Ossos*, é uma evocação poética, onde eu tenho muito poucas datas e algumas colocadas depois daquilo escrito, que eu fui enxertando na revisão. Agora não, eu antes de começar faço um plano do que vou escrever. Aliás, isto é muito difícil de ser acompanhado, muitas vezes eu saio fora do *script*.

WF – Aliás é o que você chama de sua técnica *proustiana*. Toda hora você fala: eu faço assim. Não é verdade?

– Exatamente. Você tem que sair, muitas vezes você sai e já fala: Estou voltando porque já saí do assunto. Tecnicamente, ou materialmente, minhas notas são as mais mal tomadas possíveis. Tudo que me ocorre, ou se você disser uma coisa curiosa, uma palavra que eu não conheça, vou anotando. Quando faço um esboço de capítulo, depois eu vou buscar nas minhas fichas tudo que possa entrar naquilo. Tiro o número e vou colocando ao lado. Por exemplo: Wilson Figueiredo, eu ponho 5, 10, 81 são fichas referentes a você; então, na hora de escrever eu uso aquelas fichas.

Durante os dois primeiros livros eu acabava de escrever, amassava e jogava fora, depois rasgava o boneco, e o esqueleto daquela história. O Drummond é que aconselhou: "*Você não faça isso, de jeito nenhum. Isso é um material muito interessante para estudo da criatividade. Não jogue fora nem os trechos que você abandonar. Guarde para comparar depois.*"

WF – Quer dizer que o método nasceu no *Baú de Ossos*?

– Eu fui aperfeiçoando o meu método à medida que escrevia, como um bebedor assíduo vai aperfeiçoando a maneira de beber à medida que vira cachaceiro. A coisa foi mais ou menos isso. Eu não saí com um plano predeterminado. O plano nasceu paralelamente à feitura da obra.

WF – Bom, você falou num negócio de criar palavras. Você, aliás, tem criado palavras que me dão um trabalho monumental. Uma, chamada *axelhos*, que eu saí catando.

– Mas é uma palavra técnica.

WF – Mas não existe em lugar nenhum, não encontrei em lugar nenhum.

– Mas é o que nós chamamos medicamente: cabelo, axelho.

WF – Pois é, genial, essa eu saí catando no Aurélio, no Cândido, não encontrei e disse: Olha, o Pedro Nava está inventando.

- Essa não é invenção. Essa eu recebi dos meus professores, eu ouvia falar nisso, não é criação não.

WF - É ótima a palavra. Achei uma palavra exemplar.
- E bonita não é?

WF - É exemplar, é perfeita, ela diz tudo, é a palavra que faltava, porque não se sabe como se chama o cabelo da axila. Você sabe o lugar, mas o nome do cabelo não.
- É, vem daí.

WF - Eu ainda continuo achando fascinante, porque você de vez em quando dá umas dicas, sobretudo nesse último volume você dá algumas dicas de como é que funciona esse negócio de memória. Então vamos a outra: Qual é a média de venda dos seus livros? Vendem permanentemente?
- Parece que sim. O *Baú de Ossos* está com cinco edições. *Balão Cativo* com três, *Chão de Ferro* com duas e *Beira-Mar* está saindo em segunda edição. Estou em primeiro lugar na relação dos mais vendidos publicada pela Revista *Veja*. Do Paraná eu recebi um recorte de jornal informando que estou em terceiro lugar na venda de livros em Curitiba. E ali não tenho ligação de espécie nenhuma, a não ser com o nosso grande Dalton Trevisan.

WF - E você não usa noite de autógrafos, nenhuma dessas técnicas de propaganda.
- Não, eu não quis fazer desta vez, acho meio cacete porque você esquece o nome das pessoas. É um verdadeiro inferno. Chega o sujeito, com a cara ultraconhecida e..., não pode... Eu já fico com essa impressão e na hora não

sai. Ontem, chegou aqui um amigo meu, o Antônio Luiz. Eu chamei o Antônio Luiz todo o tempo de Luiz Antônio. É um rapaz meu amigo, de modo que foi chatíssimo. Na hora de apresentá-lo a um parente meu, não saía o nome nem de um, nem de outro e eu estava cansado de saber o nome deles. É o negócio: não funciona memória na hora que deve funcionar.

WF – Ainda nesse negócio de linguagem, você confessa, em determinada hora, que lia às escondidas o Eça de Queiroz porque não estava muito na moda na época.

– Pelo contrário, ele era maldito, era considerado de mau tom ler o Eça de Queiroz no tempo de modernismo, mas eu tinha muita fidelidade por ele. Gratidão. Foi o primeiro escritor mais sério que li.

WF – E era um admirável escritor.

– O Charles Dickens e o Eça de Queiroz. O Dickens por causa do meu tio Antônio Salles, que me obrigava a ler a ler o Dickens e eu achava, aliás, bom para praticar inglês. A finalidade não era conhecer o Dickens, era para me habituar com a língua inglesa.

WF – E o outro, quando você confessa que *Os Sertões* passou a ser o seu livro de cabeceira por influência de Virgilinho, naquele encontro do Grande Hotel. [4]

---

4 A amizade e admiração mútua que uniu Pedro Nava a Virgílio Alvim de Melo Franco teve início em 1922, quando Afonso Arinos, de quem Nava já era amigo, se hospedou com os irmãos no Grande Hotel, em Belo Horizonte. Arinos e Nava haviam se conhecido em 1914, durante a curta passagem do primeiro pelo Ginásio Anglo - Mineiro onde Pedro Nava cursava o quarto ano, e se reencontraram

PN - Exatamente, o Virgilinho me influenciou e eu gostei, achei muito bom.

WF - Foi um deslumbramento pra você?

- Foi. Eu gosto de reler ***Os Sertões*** de vez em quando, até hoje, porque caio naquele ambiente, naquele clima, é muito bom aquilo.

LPH - Quer dizer que Machado de Assis não deve dizer muita coisa a você.

- Eu li o Machado muito tarde. Eu posso dizer que só o li direito há 20 anos mais ou menos, quer dizer, já velho, já maduro, com 50, eu estou com 75, de modo que eu fui ler tarde, não dá para influenciar. Você é influenciado pela leitura quando lê primeiro, quando moço; é quando fica a marca, a impressão digital em cima. O Machado foi muito tarde, se bem que eu vim a compreender, a sentir o Machado, já na segunda leitura.

WF - É a minha ideia também, eu li quando era muito moço, achei ruim, não entendi nada. Depois comecei a descobrir o Machado. A cada leitura é uma coisa, porque o Machado não diz nada, ele esconde tudo, ele é uma insinuação.

- Exatamente, é todo cheio de insinuações e de equívocos, de emboscadas para o leitor. E uma escritura de aparência simples, mas das mais elaboradas que já vi.

---

em 1917 no Rio de Janeiro, onde deram início à amizade que durou até a morte do autor destas *memórias* em 1984. "O destino me reservava reencontrá-lo em 1917, no Internato do Colégio Pedro II e depois, sempre, pela vida afora, numa amizade que vai agora no seu meio século e pico de duração." (NAVA, Pedro, In: *Balão Cativo*, São Paulo: Companhia das Letras, 2012, p. 220)

LPH - Aliás, outro dia eu estava lendo o *Viagens em torno de Machado de Assis*, do Agripino Grieco, que chama a atenção para o erro que é dar o Machado nas escolas, para jovens em geral.

- Não, aquilo é escrita para gente madura.

WF - Você diz que sua leitura de cabeceira é Proust, *Os Sertões*, e que você pode ler Proust em qualquer parte.

- Sempre, quase sempre. Eu gosto muito, acho-o muito bom, tenho meio de cor...

WF - A qualquer ponto que você pare, você embarca nele?

- Embarco. Começo a ler e me lembro perfeitamente. Antes de haver Proust com índice eu tinha o meu índice do Proust, o que eu vou mostrar a vocês. Cada volume do Proust tem um indicezinho, feito por mim, dos assuntos mais vagos, de modo que às vezes, eu pego um volume ou outro e está, por exemplo, morte, e eu falo: então é esse que eu vou ler hoje, tem muita referência aqui. E vou tocando para adiante. O que eu gosto no estilo de Proust é que ele tem um aspecto orquestral - não é um escritor correto como o Anatole France; é um rio que carrega você. Eu leio o Proust e de repente não sei mais o sentido daquilo; mas não precisa de sentido, fui levado por um torvelhinho.

WF - Nava, há vários aspectos de suas memórias que me impressionam; um é a história do médico que gosta da medicina. Você é o sujeito mais apaixonado pela medicina que eu já vi. Você declara o amor pela medicina permanentemente. Você é um médico satisfeito por ter

sido médico. Eu acho isso fantástico. É um sensualismo até pela anatomia, quer dizer, tudo isso faz parte da visão que você tem da medicina.

– Exatamente, não há dúvida.

WF – Esse é um aspecto; o outro é o da linguagem, da naturalidade com que você deu cidadania a certas palavras que eram tidas como marginais pelas famílias da sociedade. Algum problema com leitores?

– Pelo contrário. O Jurandir Picanço escreveu um artigo a meu respeito. Era um professor de medicina no Ceará, homem muito inteligente. Já morreu, coitado. No seu trabalho ele acentuava o lado moralista das minhas memórias. Outro caso: a mulher de um amigo meu um dia me disse: "*aprendi muita safadeza no seu livro*". Eu então observei: "*e como é que você sabia que era safadeza*?"

Tem outro exemplo que eu gostaria de dar a propósito do uso do palavrão com liberdade, e que me tranquilizou completamente. A viúva de um querido amigo mineiro queria falar com minha mulher, mas fui eu quem atendeu o telefone. Ela então declarou: "*você não pode imaginar, estou muito satisfeita, passei um fim de semana delicioso com você.*" Como assim? E ela: "*lendo o seu livro.*" Eu fiz o reparo: "*mas é que, com senhora de tal altura, eu fico até com vergonha de certas coisas que há no meu livro.*" Ela então me tranquilizou: "*ora, Nava, você sabe que sou da família tal, assim, assim.*" Eu pensei: vamos então ficar sabendo de alguma coisa deles, e perguntei: "*que tem uma coisa com outra?*" E ela: "*nós somos extremamente desbocados, uma família de gente sabidamente desbocada; mas não somos imorais. Fazemos questão disso. Você também – é desbocado e não é imoral.*"

LPH – Você disse que não organizou suas memórias. E esse seu estilo incrível também veio na primeira tentativa?

– Bem, eu sempre tive muito cuidado na maneira de escrever, eu fazia questão de não escrever como a maioria dos médicos escreve e você não consegue ler.

WF – O que é que você tem sobre medicina?

– Trabalhos médicos, trabalho grande. Eu tenho umas trezentas monografias publicadas, muita coisa. Compareci a muitos congressos, figurei em muitas revistas médicas. Escrevi sobre medicina, naquele suplemento do *O Jornal*, no tempo do Vinicius de Moraes, uns dois ou três artigos, história da medicina que podia interessar ao leigo e ao médico. Eu queria estar dentro daquilo, pela qualidade.

LPH – Mas quando você sentou para escrever *O Baú de Ossos*, aquela torrente veio naturalmente?

– *O Baú de Ossos* era para uso meu e dos meus irmãos. Eu estava pondo umas coisas de família que eu sabia que ninguém mais sabia, mas depois o Fernando Sabino, o Otto Lara, o Drummond...

LPH – Você nunca teve que lutar com o estilo, o estilo veio sozinho?

– Me dá muito trabalho pra escrever, porque eu desmancho, fico numa dúvida muito grande. O *Beira-Mar* eu estava achando uma porcaria. Eu pensei: os outros livros tiveram saída e esse é capaz de me afundar, me atolar. Eu estava achando ruim, no entanto, está direito, está aí.

LPH – Você não usa reescrever trechos que você tenha escrito?

– Eu escrevo, às vezes inutilizo, largo aquilo e torno a escrever, mas reescrever propriamente, muito raramente. De vez em quando tem. Até com essa história que Drummond me falou, quando eu reescrevo não jogo fora aquilo para tornar a escrever. É sobre aquilo que eu vou construindo um novo texto.

WF – Você senta e vai escrever na linha *flaubertiana* ou então tem uma vontade de escrever e...

– Não, eu sempre vou escrever depois de preparar meus esqueletos. Sem aquilo eu não faço nada.

WF – É como raciocínio, não é?

– Sim, é como método, para não me embrulhar, mesmo assim, de vez em quando, você sai fora do trilho, descarrilha.

WF – Aliás, é bom, dá um certo charme.

LPH – Deixa eu fazer uma pergunta para situar o nosso futuro leitor: o seu grupo de Belo Horizonte era Drummond e contemporâneos?

– Drummond, Emílio Moura, João Alphonsus, Capanema, Milton Campos, João Pinheiro Filho, Abgar Renault, Martins de Almeida, Gabriel Passos... Depois, numa segunda fase, o Ascânio Lopes, Cyro dos Anjos, Guilhermino César...

LPH– Vocês tiveram aquela fase de discutir literatura, teoria da literatura, etc?

– É evidente. Todo mundo discutia literatura para trocar impressões, trocar informações.

WF – Eles é que inauguraram o negócio de passar em cima do viaduto...

– Eu nunca usei aquilo não. Inauguramos não, só o Drummond... Eu nunca vi o Drummond passar em cima daquele viaduto, tanto é que uma vez me falaram isso numa entrevista e eu neguei. Falei que nos atribuíam a passagem em cima do viaduto, mas que eu não teria nunca coragem de passar ali por cima e tampouco o Drummond. O Drummond encontrou comigo e com aquele ar dele disse: *"eu atravessava, sim..."*

WF – Por causa dessa lenda todos nós passamos a atravessar aquilo.

LPH – Você também atravessou, Wilson?

WF – Foi o jeito. Saí correndo, míope que usava óculos, e dei de cara com um pedaço de ferro no meio do caminho e fiquei alucinado, agarrei aquilo, em pânico. Aí eu descobri que era um perigo. Mas é largo, não é estreito, o que dá é vertigem. Nava, foi ali que você sentiu a vocação de suicida?

– Não, foi na outra ponte, na frente da estação da Central.

WF – Naquela pontinha! Mas aquilo não dá pra matar ninguém.

– Dá pra matar sim, são bem uns seis ou oito metros.

WF – Nava, qual é a margem de imaginação que há na memória?

– Eu tenho a impressão que você pode usar a imaginação como queira, porque não há nenhuma pureza na memória, você não tem uma memória pura, é incapaz, é impossível você lembrar um fato que se passou há 40 anos. Você carrega, para ir buscar esse fato, uma experiência sucessiva tão grande que ela já reatravessa essa experiência e não chega mais o mesmo... Ele é reelaborado constantemente, o mesmo fato é sempre reelaborado, de modo que você não pode ficar apenas na ideia de fazer uma crônica sobre um fato passado, você tem de meter nesses fatos passados suas experiências sucessivas; de modo que aí você cai forçosamente numa ficção, uma ficção com base verdadeira, mas você entra fora de foco muitas vezes, por causa dessa influência exógena ou sua mesmo, da sua experiência sucessiva. Você joga tudo que é analógico, que você viveu, em cima daquilo.

WF – É uma forma de julgamento.
– Exatamente, é uma forma de crítica de fato.

WF – Nava, o *Baú de Ossos*, na primeira parte, é então a montagem de tudo quanto você ouviu dos parentes mais velhos?
– O termo é esse: montagem.

WF – E à medida que suas memórias chegam mais perto do nosso tempo, você percebe maior interesse dos leitores pelos fatos?
– Eu ainda preciso saber. Mandei o livro para diversas pessoas que ainda não se pronunciaram.

WF – Há pessoas que desde moças gostam de conversar com os mais velhos porque acham que eles sabem muitas coisas. Você também dava trela aos velhos?
– Sempre dei. Sempre gostei muito de conversar e de conviver. Depois é que fui me fechando em copas. Hoje é muito difícil, eu já não gosto tanto.

WF – Não seria pelo hábito de escrever regularmente?

– Talvez seja. Eu quase não tenho saído mais de casa. Eu sacrifiquei esse negócio de sair para jantar fora porque não é possível você trabalhar fazendo ao mesmo tempo vida de camaradagem, de companheirismo, de amizade. Você vai a um e quando olha já está convidado para outro lugar, e aí não pode ir. Corre o risco de ser grosseiro. E assim é obrigado a fazer o que eu fiz: quase cortei. De qualquer maneira, a convivência com a vida social não é mais possível. Eu não tenho mais tempo, preciso cuidar das minhas coisas. Tenho de fazer mais um volume, que é minha intenção, para encerrar. A menos que eu caia numa esparrela como a desse quarto volume, de pegar um capítulo e deixar um livro inteiro.

WF – Você não pode mais parar?

– Do modo como eu planejei, tenho a impressão que não posso mais parar. Nosso presente é permanente fábrica de passado...

WF – E você ainda dá seus originais para alguém antes de publicar?

– Não, pelo seguinte: há opiniões que são agradáveis mas há também opiniões como "você devia por isso assim, assim". O sujeito quer que eu escreva as memórias dele.

WF – A leitura do original então não ajuda?

– O Fernando Sabino me deu uma coisa – ele tinha razão na estruturação dos meus volumes. Eu dei a ele seis capítulos do *Baú de Ossos* e ele me disse depois: "*não, esse livro não acaba onde você parou. O seu livro acaba aqui, na morte de seu pai.*" E ele tinha toda razão. Me ensinou, me deu essa estruturação de dar mais ou menos um ciclo de vida por livro. Você para, mas fica a deixa para continuar. Os dois primeiros capítulos do *Balão Cativo* pertenciam ao *Baú de Ossos*, e foi ele que me mostrou esse fato.

WF – E você costuma reter-se alguma vez apenas como leitor?

– Bem, tem coisas que eu gosto de reler, mas tem sempre alguma coisa que me deixa safado. Quando o livro já está impresso e eu descubro uma besteira, uma porcaria – quer dizer, uma palavra mal colocada, errada no seu sentido – e que eu tenho de mudar depois.

WF – Não gostaria, Nava, de ingressar agora na botânica genealógica brasileira?

– Não. Eu sei onde buscar, onde aplico muito a minha técnica de criação e de elaboração do trabalho à maneira de trabalhar do médico, enfim do sujeito que mexe com coisas de ciência. O cientista é o sujeito que sabe onde está a coisa. Tem livro de medicina aí que eu nunca abri, mas sei o que tem ali dentro. Na hora que eu precisar eu sei correr o índice e buscar o que preciso.

WF – E você clinica até hoje?

– Até hoje. Evidentemente, com menos intensidade. Eu agora recebo dois ou três clientes por semana aqui em casa.

WF – Fechou o consultório em Botafogo?

– Acabei com ele, tive amolações e como estou em idade de parar mesmo, e para não parar completamente estou dando consultas aqui em casa. E os doentes ficam muito satisfeitos porque nós conversamos assim como nós estamos aqui. Não tem mais aquela mesa: eu descobri que a mesa é um obstáculo entre o médico e o cliente.

WF – O método científico é então aplicado ao escrever memórias?

– Eu o aplico muito. O saber onde buscar é ter ideia e saber procurar. Saber pesquisar em livro é também uma técnica, uma ciência. Tem metodologia. Você ter os assuntos classificados e saber como achá-los.

LPH – Essa saga genealógica que você criou, não criou atrás de você uma espécie de tropel? Você não tem assombrações, pesadelos, insônia?

– Agora não. Eu estou numa fase de dormir até demais. Eu acho até que estou tendo um troço qualquer por aí...

WF – Você fez a psicanálise do seu sonho escrevendo. E a memória involuntária que vem de repente, como no caso de objetos perdidos – como funciona?

– Conhecem o caso de Belo Horizonte: na hora que você quer alguma coisa e não lembra, você chama pela Policena, quase nunca erra. "Policena, me auxilia com aquilo" – E depois tem de rezar para a Policena, que era uma empregada da família Viana. Tudo era com a Policena, e ela dizia: quando eu morrer vocês vão me chamar que eu venho ajudar vocês. Era uma criada velha que cuidava de tudo. Ela lembrava de tudo, sabia de tudo. E se você não sabia onde tinha largado um papel, ela ia buscar e dizia: "depois de morta vocês chamem que eu ainda volto aqui." E aí espalhou-se. E dá certo. A Lúcia Machado[5]

5 Lúcia Machado de Almeida (1910-2005). Escritora mineira, autora de diversos livros infanto-juvenis como *O escaravelho do diabo*,

não vive sem chamar a Policena. Naquela vaguidão dela, a Lúcia fala: *"Policena, onde eu pus esse papel?"* Aí aparece o negócio.

LPH – E esses mortos todos não voltam de vez em quando?

– Voltam, sim. O Pedro Sales, 30 ou 40 anos depois de formado, achou uma fotografia dele e minha, dentro da anatomia, fazendo uma amputação num cadáver para treinar. Ele ficou tão impressionado com aquilo que mandou rezar uma missa para o defunto, sem saber o nome nem nada.

WF – Botar ordem no passado é a coisa mais difícil.

– Isso encuca muito a gente. Puxar esses defuntos ressuscita um pouco e realmente perturba. Depois alivia. Você faz as pazes, se reconcilia.

Lendas da terra do ouro, entre outros. Escreveu também sobre as cidades mineiras *Passeio a Ouro Preto*, *Passeio a Sabará* e *Passeio a Diamantina*.

SUCESSORES

Paulo Mendes Campos

(1922-1991)

Nasceu em Belo Horizonte, no dia 28 de fevereiro de 1922. Filho do médico Mário Mendes Campos e de Maria José Lima Campos. Casou-se com Joan Abercrombie, com quem teve dois filhos, Gabriela e Daniel.

Poeta, jornalista, cronista, tradutor de autores como Shakespeare e Oscar Wilde, funcionário público. Leu desde cedo Baudelaire, os contos de Edgar Allan Poe, a poesia de Cruz e Souza, Vicente de Carvalho e Cecília Meireles.

Em Belo Horizonte começou a vida adulta como jornalista n'*O Diário* (católico) e como bibliotecário na Secretaria de Saúde do Estado. Dirigiu o suplemento literário da *Folha de Minas*, sucedendo o companheiro Otto Lara Resende. Em 1945, abandonou os dois empregos e veio para o Rio conhecer o poeta Pablo Neruda. Nunca mais voltou. Do grupo mais próximo Fernando Sabino já estava no Rio. Na sequência viria Otto Lara Resende e anos depois, Hélio Pellegrino. No Rio, "os quatro cavaleiros de um íntimo apocalipse" mantiveram a amizade e a convivência literária até o final da vida.

Trabalhou como redator e cronista no *Correio da Manhã*, *Jornal do Brasil*, *Diário Carioca* e *Revista Manchete*. Em 1951 publicou seu primeiro livro de poesias, *A palavra escrita*.

Funcionário público por quase toda a vida trabalhou no IPASE (Instituto de Previdência e Assistência dos Servidores do Estado), no Instituto Nacional do Livro, na Rádio Mec e dirigiu por 10 anos a divisão de Obras Raras da Biblioteca Nacional. Escreveu inúmeros textos para televisão e cinema e publicou 15 livros, entre os quais *O domingo azul do mar (1958)*, *O cego de Ipanema* (1960) e *Trinca de copas* (1984).

Morreu no Rio de Janeiro em 1º de julho de 1991.

RETRATO DE UM AUTOR DESDE JOVEM

(*JB*, 11/07/2001)

Os limites da intromissão editorial em obra de autor morto resolvem-se entre editores e herdeiros. Foi o que fez a Editora *Civilização Brasileira* ao convidar antigo frequentador da obra de Paulo Mendes Campos para preparar a reedição completa, do primeiro ao último dos seus 15 livros editados em vida. A família concordou com a ideia.

Para o leitor, que não foi chamado a opinar, caberá a última palavra. Novos livros, outros olhos. Sobre o autor, vale como perfil de próprio punho o que está escrito por ele, sem prejuízo do resto. Assíduo aos textos de Paulo Mendes Campos desde a adolescência, o jornalista Flávio Pinheiro pediu à editora dois anos de carência para a empreitada, mas em ano e meio releu toda a obra publicada e passou a recolher a parte dispersa (não aproveitada antes) para reordenar as crônicas tendo os temas como denominadores comuns. Paulinho escreveu desde os anos 1940 mas veio sendo esquecido à medida que os livros deixaram de chegar ao mercado. A mão hábil do tempo garante valor de referência à reedição completa.

Discrição

A *Civilização Brasileira* está reapresentando Paulo Mendes Campos com acréscimo dos textos que ficaram pelo caminho, à margem das edições. A nova ótica vai se impondo com vantagem às edições preparadas em vida pelo autor. A morte ofereceu ângulo especial (fora do alcance dos autores vivos) para a reavaliação da obra e inclusão de trabalhos preteridos. Livro com a assinatura de morto leva vantagem sobre edição do autor em vida.

Cisne de feltro[1] (o sétimo volume da nova série, com novos títulos) são crônicas publicadas ao longo do tempo em que exerceu o ofício, mas textos de natureza autobiográfica que ressaltam o temperamento do autor (tão discreto na primeira pessoa do singular que se confunde com a terceira).

O toque pessoal de sobriedade faz de Paulo Mendes Campos o cronista que sempre cede prioridade ao assunto e se desloca para o fundo. A crônica – pelo próprio sentido etimológico do gênero – tem realmente a ver com o tempo que transcorre no fio da narrativa límpida, correta, sóbria, elegante. O autor não passa de coadjuvante. "Cronista em tempo integral", assinala Flávio na apresentação do autor.

Leveza efêmera

A reedição adotou a ordem subjetiva para abrigar os textos com alguma coisa em comum. Mas não está pondo à prova a obra de um escritor que produziu com regularidade

---

1 *Cisne de feltro*: crônicas autobiográficas. Organização e apresentação de Flávio Pinheiro. Rio de Janeiro: Editora Civilização brasileira, 2001.

profissional e por necessidade pessoal, anos a fio, crônicas da vida diária, reunidas em livro pelo próprio autor.

Cisne de feltro oferece o autor por ele próprio, talvez como preferisse ser visto depois de morto, tendo ao fundo a solidão que cultivou ao seu feitio, como método de vida. Paulinho não era discreto por timidez mas para poupar gestos e palavras. Sabia ouvir, ouvia mais que falava. Sabia ver sem ser visto. Prestava atenção, discreta mas atentamente. Fumava e bebia com convicção. Por delegação do seu lado mais mineiro, costumava contar, e contava com prazer, saborosos casos de humor e sabedoria. Lidas em jornais (*Diário Carioca* e *Jornal do Brasil*) e revistas (a maioria em *Manchete*) as crônicas tinham a leveza efêmera do gênero. Em livro ressaltam o desenho da estrutura literária. A presença do autor nas crônicas se destina a autenticar.

O adolescente tímido e o adulto sóbrio contrariam cordialmente o menino que já trazia em si o escritor. Depoimento de sua colega Maria de Lourdes (nascida Sales Coelho) no grupo escolar Barão do Rio Branco, na Belo Horizonte dos anos 1920, conta de um menino turbulento a quem os castigos diários não prejudicavam a qualidade das composições escolares que chamaram a atenção da professora: Conceição Vilela apostou nele e acertou em cheio. Paulo confessou que mais tarde, já adulto, manteve correspondência com a professora. E afastou com um gesto discreto a lágrima que esperou meio século.

Inspiração ambidestra

Fernando Sabino também conta que fez com Paulo uma viagem de automóvel do Rio a Belo Horizonte. Foram rever a cidade, tempos depois, do alto do Cruzeiro, com os olhos entranhados de saudade. Cada um para o seu lado, conferiam o que sobrara do passado. Quando se aproximou dele, Fernando viu que ele estava chorando, e fez que não viu. Afastou-se. Nunca se referiram ao episódio.

Era literariamente ambidestro. Poesia e crônica de Paulo Mendes Campos brotavam da mesma fonte pessoal e corriam em leitos separados, mas paralelos. Encontravam-se nele, não no infinito. Em verso ou em prosa, dispensava estímulos, com as exceções dos que dividiam com ele a intimidade literária. Bom de verso e de prosa, fosse escrita ou propriamente dita (a forma oral). Gostava de ouvir sem abdicar da segunda natureza do mineiro que, com a arte de contar casos, vai resistindo bravamente à televisão, sem prejuízo da qualidade.

No meio de muita gente ou entre estranhos, poucas palavras. Sem agressividade. Esse era o homem, discretamente ausente em sociedade. O cabelo caído na testa e o controle das emoções datavam da mocidade, quando em geral transbordam por incontinência. Era um só. Não havia mais de um Paulo Mendes Campos. Na virada da adolescência para a vida adulta, integrou a confraria dos quatro que iriam manter intacta a amizade quando se dispersaram em atividades adultas. Otto Lara Resende, Hélio Pellegrino, Fernando Sabino e ele compartilharam, em nível especial de amizade, retumbantes divergências literárias, políticas e religiosas. Cada qual tomou cedo um rumo para efeito de identidade literária. Paulo chegou ao ensaio pela inclinação reflexiva: a crônica foi disciplina profissional e meio de vida. A poesia, via paralela, o conduzia a um mundo exclusivo, por toda a vida.

Via de meditação

Sem prejuízo do que compartilhavam em grupo, cada um dos quatro manteve autonomia nas relações profissionais, sociais, literárias, boêmias e esportivas. Estavam sempre a acertar contas. Paralelamente à vida literária, Otto atuou no jornalismo, Hélio na política e na psicanálise, Fernando no esporte, no jazz, na crônica, nos romances e nas iniciativas autorais. Paulinho tinha a mulher, os filhos, o Botafogo, o apelo boêmio, os autores exclusivos. Era o menos assíduo aos encontros diários para a troca de figurinhas, as descobertas literárias e as definições de leituras, simpatias e tendências. Era o mais fiel à solidão da noite.

Aos poucos, sem chamar a atenção, o poeta oculto começou a marcar presença ao lado do cronista. O público foi se formando. O reconhecimento veio chegando, e ficou. Cresceram juntas a poesia e a prosa de Paulo Mendes Campos. Não é o mundo, mas a vida, no sentido estrito, individual, o lado oculto que pulsa nos seus versos e nas crônicas. Para ele a poesia foi a via de meditação que o levou dele para ele mesmo.

Otto Lara Resende

(1922-1992)

Nasceu em São João Del Rei, filho do professor Antônio de Lara Resende e Maria Julieta de Oliveira. Casou-se com Helena Pinheiro e teve 4 filhos para os quais viveu: André, Bruno, Cristiana e Helena.

Mudou-se para Belo Horizonte em 1938, junto com a extensa família, onde começou a colaborar n' *O Diário* (católico). Cursou Direito e dirigiu por dois anos o suplemento literário da *Folha de Minas*.

Em 1945, formado e já jornalista, mudou-se para o Rio onde Paulo Mendes Campos o havia precedido e iniciou sua etapa profissional passando pelas redações dos jornais *Diário de Notícias*, *O Globo*, *Diário Carioca* e *Correio da Manhã*. Publicou em 1952 seu primeiro livro de contos, *O lado humano*. Foi diretor da Revista *Manchete* até 1956. Em 1957 lançou seu segundo livro de contos, *Boca do Inferno*. Encerrando o ciclo inicial no Rio, partiu para uma estada de três anos em Bruxelas, como adido cultural junto à Embaixada do Brasil, e declarou terem sido "os três anos mais felizes de sua vida". De volta ao país reingressa no jornalismo. Pelo resto da vida. Leitor apaixonado de Machado tinha a disposição de revisitar sua obra literária, mas a morte o retirou de cena. Era 28 de dezembro de 1992.

ESCRITOR EM TEMPO INTEGRAL

A primeira vez que vi Otto Lara Resende ele descia a rua da Bahia num fim de tarde no ano de 1943 em Belo Horizonte. Da janela de uma república de estudantes, Sábato Magaldi apontou Otto que passava do outro lado – entre Hélio Pellegrino e Paulo Mendes Campos – com farto bigode e vestindo enorme capa preta. Dias depois fomos apresentados.[1]

A Segunda Guerra Mundial tinha invertido o seu curso, a partir da batalha de Stalingrado e rumava para o fim. O Brasil estava engessado numa ditadura que se denominava Estado Novo, mas não passava de retrocesso político. E iria se consumar por tabela a derrota dos regimes fascistas. Nós, jovens estudantes, uns mal chegando e outros mal saindo dos vinte anos, nos nivelávamos no despertar político e na descoberta compartilhada da literatura.

---

1 Palestra sobre Otto Lara Resende na Universidade Federal de São João Del Rei (29 de julho de 2005). Uma versão deste texto foi publicada em *A vida continua*: a trajetória profissional de Wilson Figueiredo (2011).

Naquele tempo o jornalismo, com salários simbólicos, ficava ao alcance de estudantes interessados em qualquer remuneração. Tudo era condizente com a ilusão literária que atacava a mocidade. Atrás da dupla identidade fictícia – de jornalista e escritor – revezavam-se esperanças de jornalismo e aspirações literárias à espera da oportunidade.

Carlos Castello Branco e Otto Lara Resende, acadêmicos de Direito, iniciavam-se no jornalismo e nas letras. Antes de 1950, Belo Horizonte era conhecida como cidade de funcionários públicos, estudantes e tuberculosos em busca de ares secos. Ambos, Castello e Otto, começaram em Belo Horizonte, mas se realizaram, como jornalistas e escritores, no Rio ainda capital federal.

A dúvida que preenchia o ócio intelectual daqueles jovens que apostavam na democracia, no jornalismo e na literatura era chegar a uma conclusão a respeito da questão que os desafiava: seriam compatíveis as atividades de jornalista e escritor? Uma não prejudicava a outra? Começaram os problemas reais na vida de cada um. E mais uma vez a questão não foi resolvida, mas se encerrou com Otto e Castellinho, e mais tarde Sábato Magaldi, na Academia Brasileira de Letras.

Otto foi cronista parlamentar na Constituinte de 1946, repórter político, no *Globo* e no *Diário de Notícias*, um pela manhã, outro à noite, diretor de *Manchete*, diretor do *Jornal do Brasil*, diretor da TV Globo. Passou incólume por vários matutinos e vespertinos sem que o estilo do comentário efêmero de cada dia contagiasse o texto literário. Nos outros daquela safra mineira que migrou para o Rio, prevaleceu o perfil literário sobre o jornalismo de cada um; Fernando Sabino, Paulo Mendes Campos e Sábato Magaldi fizeram crônicas para jornais e revistas e publicaram livros que continuam a ser reeditados. Hélio Pellegrino foi impetuoso colaborador de jornais em tempos difíceis.

Otto Lara Resende, mais do que ninguém em sua geração, reuniu, em sua circunstância pessoal, a fé católica, a comiseração humana, o senso de humor discretamente ácido, num cidadão prestativo. Eram marca pessoal nele a exigência moral e a impaciência com a imperfeição humana. O jornalista por profissão e o escritor por opção se torturavam na insatisfação ao reler e retocar seus textos. Era um insatisfeito por natureza.

Otto foi escritor em tempo integral, mesmo escrevendo por obrigação diária em jornais, para sobreviver ao seu tempo. Além da ficção, há um tesouro intacto: a valiosa correspondência de mais de meio século de cartas e bilhetes do mineiro insuperável na capacidade de convivência com semelhantes e diferentes.

Quando o jornalismo brasileiro ultrapassou a metade do século XX, os jornais assumiram *status* e cacoetes de grandes empresas e, nessa nova condição, foram obrigados a profissionalizar o trabalho jornalístico. A batalha consumiu uma geração. Daí por diante ficou possível viver do exercício do jornalismo em condições profissionais. Dedicação exclusiva e tempo integral. O fim do amadorismo trouxe novas exigências e impôs nova ética ao exercício da profissão e às relações de trabalho. Na idade da televisão e da cibernética, os jornais ainda não recuperaram a identidade original: prolongam a crise com outros equívocos.

Otto soube ser jornalista nos novos tempos, sem abdicar da fina visão crítica que o levou a recusar convites para dirigir jornais em que não prevalecessem as considerações profissionais e morais em que acreditava. Por isso durava pouco nos cargos de direção. Sabia manter-se com raro senso de dignidade nas funções de confiança, e sabia sair com dignidade. A transformação dos jornais em empresas se consumou ao longo dos anos de 1950 e 1960, e custou a morte de vários títulos valiosos na vida brasileira. Otto viveu com rigor crítico a passagem dos jornais a empresas e soube, como poucos, avaliar as perdas éticas e deplorar os condicionamentos da sociedade de consumo e da publicidade, no exercício da liberdade de imprensa.

Não terá sido o único, mas sem dúvida, foi quem menos se deixou iludir pela aparência orgulhosa do salto empresarial e do fatal endividamento financeiro das empresas. Por trás das fachadas e da ostentação, Otto não desconheceu que a liberdade de imprensa baixou o tom para sobreviver. Ficou também conhecido pelo acerto das previsões pessimistas: vaticinou que os jornais começavam a morrer quando faziam prédios, como sinal exterior de poder e importância, em vez de se orientarem pelos índices de leitura e coerência de princípios. Um a um, os jornais foram reduzindo a tiragem, perdendo anunciantes e leitores, sem se darem conta da fatalidade. Otto foi o vidente que anunciou a seleção fatal da espécie, mas se os donos de jornais lhe reconheciam a graça inteligente, não lhe atendiam às ponderações.

Até o fim, tão inesperado quanto prematuro, o escritor e o jornalista Otto Lara Resende foram inseparáveis. Para ele não havia diferença na maneira de tratar, com a mesma preocupação de qualidade, textos de finalidades diferentes. O jornal se destina a público mais numeroso. A literatura pode dispensar as exigências de objetividade, exatidão e clareza da notícia ou do comentário dos jornais, mas Otto não retribuía ao jornalismo na mesma moeda. Cobrava-lhe a obrigação de escrever corretamente e com elegância. Não transigia com concessões à vulgaridade. Objetividade, exatidão e clareza faziam, para ele, o trinômio em que se funda o jornalismo. Nessa fronteira fugidia, localizava as exigências que, para dar o exemplo, aplicava com mais severidade ao que escrevia.

Antes da entrada do computador nas Redações, Otto sentava-se diante da máquina de escrever e se concentrava à espera de um sopro da razão. O espírito rigoroso vigiava as primeiras palavras escritas. Três linhas eram suficientes. Só prosseguia se lhe pareciam satisfatórias. Mesmo assim, sujeitas a reexame final. Caso contrário, arrancava o papel e começava outro texto. Até se dar por satisfeito. O rigor não se limitava ao texto, mas também à aparência. Era datilógrafo exigente, e não admitia emendas.

O jornalista Otto Lara Resende era mais afável com jovens iniciantes do que com os recalcitrantes jornalistas que atentam contra o patrimônio da língua portuguesa. Com os jovens escritores era carinhoso e paternal, atencioso e paciente. Mas exigente. Às vezes, porém, se cansava do assédio de estreantes que lhe pediam opinião sobre prosa e verso com a pressa impulsiva de se apresentarem em livro.

Esse Otto da conversa a dois, que não deixava carta sem resposta imediata, não perdia de vista o cidadão e o ser humano, com precedência sobre o jornalista e o escritor. Não era a qualquer momento que esse Otto, portador de indignação cívica permanente, se manifestava. Reservava-se para momentos especiais. Considerava-se jornalista, ainda que não assinasse os textos, homem público e, como tal, obrigado a dar exemplo. Como parte da cadeia de informação e no exercício da profissão, considerava o jornalista obrigado a se informar todo o tempo. Antes de ser redator, o jornalista é um leitor de jornais, revistas e livros, sem desligar o olho da televisão e o ouvido das emissoras de rádio.

E dava o exemplo: entre ele e a notícia não havia intervalo de tempo. Queria saber de tudo imediatamente. Antes e depois. Tudo que aconteceu, ou que estava acontecendo e o que estava por acontecer.

Mas nem só de fatos, nem apenas da qualidade do texto, com informações hierarquizadas, Otto fazia valer seu alto nível de exigência. Jornalista ou escritor, era para ser julgado pelos seus contemporâneos.

Depois que se rompeu em 1964 a ordem constitucional, que ele viu surgir, dia a dia, dos trabalhos da Assembleia Constituinte de 1946, Otto ficou apreensivo com a sombria situação brasileira, a mais longo prazo. Os anos de 1970 em especial. Não era só a próxima eleição, que foi suprimida, mas a próxima geração que estava em perigo. Não fez segredo da crescente divergência com o regime sob o AI-5, sem legitimidade nem respeito. Sobretudo com as consequências que se acumularam na avaliação pessimista.

Tendo se retraído pessoalmente como autor de artigos assinados, depois que assumiu a direção do *JB* em momento de difíceis relações entre o jornal e o governo, Otto desempenhou um papel extraordinário, com uma dignidade que precisa sair do anonimato em que foi sepultado. Por lealdade para com a empresa e na sua condição de diretor, não deixou vir a público a divergência com as pressões oficiais para que o jornal demitisse Alceu de Amoroso Lima, cujos artigos eram um foco de luz nas trevas do AI-5. Otto só compartilhou o episódio com poucos amigos, depois que o *JB* acatou a ponderação para encerrar o assunto e rejeitar o jogo da sedução oficial. Só então, passado algum tempo, resolveu afastar-se da direção por ter considerado resolvido o episódio. Em outras oportunidades sustentou a mesma posição.

Um episódio reflete o lado impulsivo que se manifestava no cidadão Otto Lara Resende. Franco Montoro, governador de São Paulo, veio ao Rio, a convite do advogado Miguel Lins que reuniu em sua casa jornalistas, escritores e professores para a troca de ideias e opiniões sobre o momento nacional. Montoro chegou atrasado e se pôs a dissertar sobre o programa de hortas domésticas de seu governo patrocinado em São Paulo. Otto não resistiu à oportunidade e, em aparte, perguntou-lhe quando iria lançar o movimento em favor da eleição direta, pela qual a opinião nacional ansiava. Montoro foi rápido na resposta: prometeu que, tão logo chegasse a São Paulo, iria cuidar da causa. Dito e feito. Foi assim que começou a campanha das *Diretas Já*.

Outros fatos, da mesma natureza, mesmo que de menor intensidade, mas com a mesma seriedade, também fazem parte da herança política que Otto deixou, saldo da dignidade que é tanto do jornalista quanto do escritor, ambos o cidadão Otto Lara Resende.

Fernando Tavares Sabino

(1923-2004)

Nasceu em Belo Horizonte no dia 12 de outubro de 1923, filho de Domingos Sabino e Odete Tavares Sabino. Ainda muito jovem casou-se com Helena Valadares.

Nadador recordista na juventude, romancista, cronista, editor, jornalista, baterista nas horas vagas.

Começou a carreira como redator na *Folha de Minas* e aos 18 anos publicou seu primeiro livro *Os grilos não cantam mais*, a partir do qual passou a se corresponder com Mário de Andrade. Em 1944, após o casamento, mudou-se para o Rio de Janeiro onde concluiu o curso de Direito começado em Belo Horizonte. Entre 1946 e 1948 viveu em Nova York onde trabalhou no Consulado brasileiro, levado pelo amigo Vinícius de Moraes que assumira seu primeiro posto diplomático como vice-cônsul em Los Angeles. De Nova York envia crônicas para o *Correio da Manhã, O Jornal* e *Diário Carioca*. Em 1956, aos 32 anos, lança o *Encontro Marcado* e alcança sucesso nacional. Mais tarde passa a publicar crônicas diárias para o *Jornal do Brasil*. Anos depois funda com Rubem Braga a Editora do Autor e depois a Sabiá Edições, publicando livros de excelente qualidade.

No início dos anos de 1970 funda a Bem-te-vi filmes e dirige com David Neves uma série de documentários sobre escritores, entre eles Carlos Drummond de Andrade, Afonso Arinos de Melo Franco, Guimarães Rosa e João Cabral de Melo Neto.

Viveu em função apenas da literatura escrevendo, editando ou documentando a vida de escritores brasileiros. Publicou dezenas de livros entre os quais *O Grande Mentecapto (1979), O menino no espelho (1982), A faca de dois gumes (1985), O tabuleiro de damas 1989)*, entre outros. Em 11 de outubro de 2004 partiu ao encontro dos outros Cavaleiros do Íntimo Apocalipse.

MOVIMENTOS SIMULADOS DE UM AUTOR

(*JB*, 31/05/2004)

Como os juízes que falam somente nos autos, Fernando Sabino só fala nos livros que editou. Ao se aproximar dos 80 anos[1], completados em outubro passado, radicalizou: quem quiser a sua opinião sobre qualquer coisa, dirija-se à sua obra completa. O que tinha a dizer está nos 50 livros publicados. O autor de *Os movimentos simulados*[2], a caminho das livrarias, aplica-se integralmente à preparação da sua "obra póstuma antecipada" enquanto houver leitores. A pedidos e insinuações de entrevistas, na oportunidade do lançamento do novo (aliás velho) romance, responde que nada mais tem a dizer depois de 63 anos limando textos. E mais não diz por mais que seja perguntado.

Depois de consolidar a solidão alcançada sem pressa, mas com método, a partir da morte dos "três melhores amigos", não apenas de todo dia mas do dia todo – Paulo Mendes

---

1 O escritor morreu em 11 de outubro de 2004, cinco meses após a publicação deste texto.

2 Publicado em 2004 pela Editora Record.

Campos, Otto Lara Resende e Hélio Pellegrino – Fernando reduziu ao mínimo os contatos com o mundo exterior. Não faz palestras nem discursos, não aceita homenagem, não é candidato a vaga de morto ou vivo. É eleitor, mas se sente voto vencido como cidadão. São cada vez em menor número, no seu círculo de sobreviventes, aqueles com quem seria capaz de trocar cartas. Correspondência encerrada. Aos amigos restantes recorre, de preferência pelo telefone, nas falhas de memória que o assediam, a toda hora, a respeito de nomes, lugares e fatos. Ou para não ser de todo esquecido.

Fechado em copas, Fernando Sabino cuida de papéis em geral, cartas, bilhetes, postais e fotos para que nada seja publicado no futuro sem a sua autorização. Guardou mais do que a vida em apartamento autoriza. Foi assim que resolveu, antes de condenar ao fogo o original do primeiro romance concluído, rever-se na autoria do texto amarrado e protegido com a recomendação (em lápis vermelho) de "cuidado". Reencontrou-se nos seus 22 anos no livro que passa a ser, até que outro lhe tome o lugar, o último a sair com a sua assinatura. Já com "a retina tão fatigada" de que falava Carlos Drummond, Fernando leu e batizou *Os movimentos simulados* o primeiro romance, escrito em Nova York. E "decidiu publicá-lo (...) sem modificar nada" para dividir a alegria com os leitores fiéis.

Não foi certamente o teor literário que o convenceu a correr o risco, mas o reencontro, nas entrelinhas, com as antigas emoções daquele "tempo em que o amor corria solto". Foi o primeiro trabalho de fôlego, com começo, meio e fim em quase 300 páginas datilografadas. Pouco de pessoal e muito de época. Episódios que enchiam o tempo social de uma realidade urbana em torno de 250 mil habitantes na Belo Horizonte do começo dos anos 1940.

Os movimentos simulados podem ter sido a tentativa de realizar o salto recomendado por Mário de Andrade na carinhosa carta sobre *Os grilos não cantam mais* (1941): fazer a troca do conto pela empreitada de escrever romance. "Será você de fato um contista?" perguntava Mário, preocupado com as "descaídas lastimáveis, principalmente para o lado anedótico" presentes nos contos de Fernando. Para compensar a severidade, Mário indagava se não seria "para o romance" a tendência do jovem escritor de 17 anos. Era, mas teria de esperar até 1956 a confirmação do diagnóstico. Meio século depois do estouro editorial de *O encontro marcado* (que em janeiro chegou à 75ª edição), gerações ainda se reencontram na questão central das relações humanas em geral entre pais e filhos em particular.

Fernando Sabino se aplicava ao exercício de escrever "com o ardor dos que querem vencer a todo custo" (carta a Mário de Andrade). Não há vestígio de outras tentações nas páginas escritas em Nova York, onde viveu dois anos (1947 e 1948) e encontrou tempo e solidão para trabalhar o romance cuja releitura lhe deu, aos 80 anos, mais do que pode oferecer aos leitores, passado mais meio século. Aquela Belo Horizonte tem da atual apenas a nostalgia dos que esperaram o tempo passar.

As histórias cruzadas em *Os movimentos simulados* valeram como exercício artesanal e servem agora de marco de referência. Era outro Fernando Sabino e Belo Horizonte também não é a mesma. Histórias de sedução, adultério e desencontros entre homem e mulher esgotaram-se com o filão naturalista. O final feliz – "a partir de então Marcos e Celina juntos foram imperdoavelmente felizes" – leva a assinatura característica de Fernando Sabino. Fazer humor é o seu jogo. De resto, a exploração intensiva dos folhetins e peças de Nelson Rodrigues não deixou nada para ser reaproveitado. O final feliz faz a diferença com a herança tardia do realismo convencional. Ficou, porém, o aprendizado de lidar com narrativas extensas. Fernando iria em dez anos transcender os seus limites.

Antes, mas principalmente depois de lançar *O encontro marcado*, Fernando Sabino dedicou-se a fazer crônicas através das quais o jornalista manteve vínculos com a realidade, sem o desgaste do dia-a-dia no jornalismo. O sucesso das crônicas se situa entre o jornalismo e a literatura. À medida em que seus livros são reeditados, Fernando se atualiza junto ao público, sem fazer maiores concessões. Ao lançar o velho romance inédito, não abre a guarda: "Conservei literalmente a linguagem original, meio rebarbativa, sem escanhoá-la". O estilo leve é o homem leve. O autor não confirma que *Os Movimentos simulados* "seja o último livro". Mas é certamente o penúltimo. Por enquanto.

O não dito pelo dito

Em 1991, Fernando Sabino lançou *Zélia, uma paixão*[3], "biografia romanceada da ex-ministra da Economia Zélia Cardoso de Mello", como consta da relação dos livros do autor em *Os movimentos simulados*. O episódio editorial, ao lado do sucesso de venda do livro, levantou no próprio meio em que vive o escritor uma onda de desagrado que, seguindo a norma, Fernando não furou. Por faltar aspecto investigativo, o livro foi entendido como inadequadamente simpático à ministra que saqueou a classe média. O livro saiu quando

3 O livro foi publicado em 1991, pela Editora Record.

começava a revelação do escândalo. Cruzaram-se o sucesso de venda e a repercussão negativa. Fernando nunca se manifestou a respeito mas a mágoa se concentrou no âmbito profissional. Fez o que considerou operação de jornalismo – com sucesso extraordinário de venda – por se tratar da primeira mulher a chegar ao ministério. O autor encarregou o tempo de situar os fatos, confirmar o conteúdo jornalístico e esvaziar o gelo político em torno dele. O tempo ainda não fez a sua parte, nem Fernando voltou ao assunto.

Começou então a se recolher à inexpugnável solidão alcançada aos 80 anos. Daqui por diante fica o não dito pelo dito.

A política foi também fonte de aborrecimento, depois das primeiras alegrias com a volta da liberdade em 1945. A ilusão de que a primeira eleição resolveria todas as questões pendentes não se confirmou. A democracia não tinha vindo para ficar. O namoro e o casamento de Fernando com a filha do governador de Minas ocorreram no tempo do Estado Novo. Na democracia, o sentimento oposicionista o levou a abraçar a candidatura do brigadeiro Eduardo Gomes duas vezes, depois a de Juarez Távora (fez a campanha como jornalista) e, por último, a de Jânio Quadros. Sem comentário.

O JUÍZO FINAL DAS GAVETAS DE UM ESCRITOR

(*O Globo*, 15/10/2004)

Dos quatro mineiros do apocalipse (no bom sentido), que foi como se apresentaram Otto Lara Resende, Paulo Mendes Campos, Hélio Pellegrino e Fernando Sabino, todos cavalheiros de boa figura literária, o último citado foi o único que a morte não surpreendeu. Ele a esperou em casa. Não era segredo que, pela ordem natural, Fernando estava escalado para ser o último. Esperou sem pressa e sem incomodar amigos e parentes. Sabendo-se escalado, fechou-se para balanço.[1]

Quando se sentiu sozinho, Fernando começou a preparação à maneira mineira, com vagar e sem chamar a atenção. Atirou-se aos espalhados papéis avulsos – cartas, rascunhos, anotações, fotos, postais – em gavetas, caixas, páginas de livros à espera de releitura. Processou-os como quem se despede de um tempo que enche os seus textos. Crônicas têm tudo a ver com *cronos*, a divindade clássica do tempo

1 Texto publicado quatro dias após a morte de Fernando Sabino.

que não acaba. Cartas também dão testemunho, e o estoque é farto. A quem queria a sua opinião, recomendava como fonte os 50 livros publicados em mais de 60 anos. Se vale estatística, foram 3 milhões e 200 mil exemplares.

Nos últimos anos, Fernando telefonava a amigos para comentar os papéis que não faziam jus ao esquecimento. Ou reviver momentos compartilhados, situações equivocadas e bem-humoradas. Também para lembrar nomes que o tempo apagou. Tudo era pretexto para quebrar a solidão mediante telefonema aos mais chegados. Catalogou e destruiu conscientemente tudo que escapou ao juízo final das gavetas. Mas não trabalhou em segredo: fez saber que estava providenciando o que coerentemente definiu como sua "obra póstuma antecipada".

Nessa empreitada Fernando não delegou responsabilidade a ninguém: só podia ser publicado o que deixasse com autorização formal. Nada mais A última palavra seria a dele. Nesse meio tempo encontrou – com surpresa bem administrada – o primeiro romance, escrito aos 22 anos, e decidiu publicá-lo aos 80, sem alteração em respeito às circunstâncias (que, tanto para o autor como para os leitores, já não eram as mesmas). Mas o que parecera ao jovem autor, em pleno século XX, "movimentos simulados" quando "o amor corria solto", não correspondeu aos valores literários depreciados como o século XXI avalia a sedução e o adultério. O filão está esgotado.

Fernando não escondeu nem mostrou decepção com a acolhida fria do primeiro romance. Nem se culpou. Mas passou a página porque sabia curto o tempo. Já aos 80 anos não era o mesmo e nem esperava dos leitores mais do que teria tido no tempo em que o livro fora escrito. Assimilou o golpe. Quem vivia a ansiedade autoral cada vez que editava um novo livro não avaliaria objetivamente as diferenças. Fernando foi em frente no extermínio da papelada.

Fora a expectativa de todo novo livro, o autor sempre contou com o louvor do merecimento e da estima crítica, desde a estreia, aos 17 anos, com *Os grilos não cantam mais* (1941). Para quem começou tão cedo, valeu a acolhida. *A marca* (1944) foi um passo à frente. As crônicas firmaram o nome de autor de jornalismo e, na metade dos anos de 1950, *O encontro marcado* (1956) estourou e sobreviveu, além da expectativa, graças ao tratamento do conflito de gerações acima dos aspectos temporais: nada devia a injunções históricas, a conflitos ideológicos nem a questões religiosas. Não pagou o preço da atualidade transitória. Sustenta-se da substância que confronta fatalmente pais e filhos antes de se entenderem, mais cedo ou mais tarde, por efeito de lei natural.

As edições de *O encontro marcado* se sucederam independentes do autor e da crítica. Em janeiro deste ano já estava na 75ª edição. Os pais da mesma geração do autor se reconheceram no livro, os filhos muito mais, e, depois, os filhos dos filhos passaram a reverenciar o autor e a obra. Esse encontro está geneticamente marcado na agenda das gerações.

Mas a primeira vez que o sucesso bateu atabalhoadamente à porta de Fernando Sabino ocorreu bem mais tarde, e de forma inesperada para alguém que aprendera a levar em conta as condições no lançamento de livros. O autor de *Zélia, uma paixão* (1991) não se lembrou de avaliar os ventos que sopravam sobre a classe média, uma sensação de insegurança desde o confisco da poupança como remédio heroico para males crônicos de governos.

Hélio Pellegrino

(1924-1988)

Nasceu em Belo Horizonte, filho do professor da Faculdade de Medicina, Braz Pellegrino e Assunta Magaldi Pellegrino. Casou-se pela primeira vez com Maria Urbana Pentagna Guimarães com quem teve sete filhos.

Poeta, psiquiatra, psicanalista, escritor, ativista político.

Ao lado de Simão Vianna da Cunha Pereira, Otto Lara Resende, Francisco Iglésias, Darcy Ribeiro, José Bento Teixeira de Salles, Wilson Figueiredo e muitos jovens ainda estudantes participou da edição e distribuição do jornal clandestino *Liberdade*.

Foi um dos fundadores da ala jovem da União Democrática Nacional - UDN, em 1945, da qual se desligou um ano depois para fundar a Esquerda Democrática. Começou a colaborar regularmente no suplemento literário, dirigido por Vinícius de Moraes, em *O Jornal*. Exerceu a profissão de médico psiquiatra ao longo da vida.

Em 1952, mudou-se para o Rio onde foi colaborador de jornais e escolheu a psiquiatria e depois a psicanálise como instrumentos de compreensão e equilíbrio das desigualdades sociais. Seu temperamento de esquerda o levou a participar das lutas sociais de seu tempo. Orador enfático, discursou na passeata dos *Cem Mil*. Depois do AI – 5 chegou a ser preso sob a acusação de comunista. Na psicanálise deixou sua marca criando com outros profissionais a Clínica Social de Psicanálise, instituição pioneira de atendimento gratuito. Com Mário Pedrosa, Antônio Cândido, Sérgio Buarque de Holanda e outros intelectuais, participou da fundação do Partido dos Trabalhadores. Conheceu e viveu com a escritora Lya Luft, os últimos anos de vida. Morreu dia 23 de março de 1988, no Rio.

PRESENÇA ATIVA

Há 16 anos não temos entre nós Hélio Pellegrino[1], que desempenhou em nosso tempo, com talento, generosidade e convicção vários papéis. Preencheu espaços preciosos em 64 anos de presença ativa. Com a morte dele, quebrou-se o modelo.

Temos, portanto, de nos contentar com lembranças combativas de Hélio Pellegrino por onde passou. Hélio foi mais do que poeta, psicanalista e ensaísta. Foi um ser humano especial. O tempo vem ressaltando no morto o ser humano extrovertidamente tímido mas destemido, como ele foi conforme a necessidade. Gestos largos, nenhum vestígio de inveja. Incapaz de desejar mal a um inimigo, se é que teve algum. Concorria com ele mesmo. Viveu numa terceira dimensão.

No perfil desafiador e provocador de Hélio Pellegrino, tão adequado ao articulista de jornal quanto ao orador de praça pública, sente-se ainda hoje que captou e interpretou socialmente o sentimento da classe média que entrava de-

1 Texto escrito em 2004.

finitivamente na História do Brasil. A juventude politicamente reprimida depois de 1964, e principalmente depois do AI.5, em seu indomável desejo de participação direta, teve nele um devotado intérprete. Havia impaciência social acumulada pela lentidão da volta aos padrões da democracia. Atuavam juntos, porém, o psicanalista e o panfletário.

Por trás do orador de rua e do articulista, primeiro no *Correio da Manhã* e depois no *Jornal do Brasil*, nos anos 1960 e 1970, estava intacto o sentimento do estudante que se iniciou cedo na ação política clandestina contra a ditadura do Estado Novo. Foram dois cursos de graduação política superior. A ação possível em Belo Horizonte dos anos de 1940 foi restrita à distribuição de panfletos. Com o Congresso Nacional fechado, sem partidos políticos, os estudantes incumbiram-se das tarefas de rua e de risco. A televisão ainda era sonho sem prazo. A UNE foi a central política dos jovens, com desempenho histórico na formação da consciência democrática brasileira. Contribuiu muito para forçar o governo Vargas a levar o Brasil à participação na guerra, ao lado dos aliados. Até que o Brasil saiu dos oito anos na ditadura para a explosão de liberdades públicas e a eleição presidencial no mesmo ano de 1945.

Aos 20 anos, cursando a faculdade de Medicina de Belo Horizonte, Hélio participou dos riscos da ditadura e, em seguida, das ilusões políticas autorizadas pela democracia. Compartilhou com os comunistas legalizados pela própria guerra, divergências à parte, o sonho do socialismo democrático. Da mesma forma como fez parceria com a militância dos estudantes comunistas no que era possível. Depois da guerra, multiplicaram-se desencontros e aprofundaram-se divergências. Tinha acabado a lua de mel. Hélio reafirmou ostensivamente, na idade adulta, a natureza do “menino religioso”, “quase místico” que havia sido, palavras dele, mas identificou-se sempre com a visão de uma esquerda que renovava a disposição de servir à democracia. Foi militante da Esquerda Democrática, desgarrada da UDN liberal. Não temeu a contradição ao se declarar mais tarde “socialista marxista”. A rigor, a contradição não era dele mas dos outros. Defendeu-se com convicção e ganhou o direito pioneiro de viver gloriosamente a contradição.

Para Hélio e muitos outros na mesma situação, naquele tempo, o marxismo era válido como crítica aos erros e injustiças até hoje creditados ao capitalismo. E o socialismo tinha o mesmo poder de sedução sobre os jovens que ainda hoje se iniciam na participação política. Mais tarde, enfim, e noutras circunstâncias, o maduro Hélio participou da fundação do PT. Era a demonstração de que a contradição se resolveria: era católico e socialista para todos os efeitos. O PT também. Só não viu o PT chegar ao poder.

Em tempo: durante a Segunda Guerra Mundial, o pensamento católico passou por uma revisão de efeito regenerador graças ao que, na época, se chamava, genericamente, de antifascismo. Depois da guerra, integrando o denominador-comum de repulsa ao fascismo, as correntes católicas sobreviventes aprofundaram, em posições progressistas, linhas de atuação com características acentuadas de esquerda Mas só mais tarde, depois de 1964, os pensadores católicos no Brasil fariam a revisão crítica final diante dos notórios casos de abusos de poder. Um dia será avaliada a influência de Alceu de Amoroso Lima sobre os jovens e, especificamente, sobre Hélio Pellegrino no contexto do grande salto político da sociedade e da classe média brasileira.

Não foi por acaso, mas por necessidade objetiva, que a igreja católica desconfiou das razões alegadas pela nova ditadura. O papel ativo da igreja na mobilização social, esvaziou do apoio de opinião pública os governos militares e foi decisivo ao amadurecimento da saída política, por via parlamentar e pacífica, vinte anos depois da crise dos anos de 1960.

Foi no curso dos acontecimentos acidentados – antes e depois do AI 5– que Hélio Pellegrino, já presença adulta, viveu no Rio uma liderança em que se revezaram o articulista, o psicanalista e o ser intuitivo que era poeta e prosador de plantão. A plenitude intelectual e política de Hélio, nos anos 1960 e 1970, superou o que parecia contradição insanável mas foi resolvida por ele. O fato é que, até o fim da Segunda Guerra, catolicismo e socialismo davam-se costas e se hostilizavam. Prevalecia a incompatibilidade entre a visão católica e a perspectiva histórica da esquerda.

Acredito ter avivado com lembrança pessoal os antecedentes da personalidade política de Hélio Pellegrino. Embora distantes no tempo, esses sinais refletiram-se na sua personalidade pública que se impôs depois que a morte o levou. Não foi na teoria, mas na prática, com senso político aguçado pela necessidade, que se resolveu o que, durante meio século, parecia inconciliável entre socialismo e catolicismo. Pelo menos para Hélio Pellegrino. Catolicismo e esquerda desistiram da discussão interminável e fizeram como Hélio, que assumia a prática do catolicismo mas se declarava marxista, na sua maneira enfática e sem preocupação de ordem teórica nem obrigação de dar satisfações.

Mais uma vez, lembro que, por trás do Hélio, a figura de Alceu de Amoroso Lima exerceu responsabilidade espiritual. E foi coadjuvado, como vertente universal, por Jacques Maritain, tão pouco lembrado atualmente. Mas é fato que Maritain marcou, por esse lado, a evolução do pensamento político do catolicismo no Brasil. Estabeleceu linhas genéticas distintas, a partir de Maquiavel e Jean Jacques Rousseau, respectivamente, como fontes de direita e da esquerda: a direita, a seu ver, começou em Maquiavel e chegou a Hitler, a esquerda partiu de Rousseau e ancorou em Lênin. A direita como expressão da maldade humana, a esquerda como floração do espírito daquele que, no seu Contrato Social, proclamou que o homem é bom e a sociedade o perverte. Pelo menos, até prova em contrário. É por aí que se pode entender melhor aquele Hélio Pellegrino que delegou à neta Antônia a harmonização da sua imagem nas dimensões de prosador, psicanalista, poeta, orador e panfletário.

O poeta teve precedência na opção juvenil de Hélio. Mas o psicanalista, no começo da vida adulta e profissional do médico, convenceu o poeta a engavetar a produção dos versos que foram seu cartão de apresentação no mundo das letras. Os artigos políticos, que deram vazão ao lado pública de Hélio Pellegrino, reativaram no homem adulto – no período mais tenso dos governos militares – o potencial político despertado no estudante de medicina em Belo Horizonte. Este é o lado menos conhecido do escritor cujo anseio de participação política não ‘violou a formação religiosa assumida, e que não pode nem deve ser esquecida em respeito pelo poeta, pelo orador panfletário, pelo articulista, pelo psicanalista e pelo cidadão. Que são a mesma pessoa de quem estamos nos ocupando com saudade.

Waldomiro Autran Dourado

(1926-2012)

Nasceu em Patos de Minas em 18 de janeiro de 1926. Filho do juiz e depois desembargador Telêmaco Autran Dourado e Alice Freitas morou em várias cidades de Minas até ir para Belo Horizonte aos 17 anos. Casado com Maria Lúcia Campos Cristo teve quatro filhos: Lúcio, Henrique, Inês e Ofélia.

Advogado, escritor, militante político de esquerda na juventude, funcionário público por tempo limitado, romancista.

Mudou-se para o Rio onde foi secretário de imprensa de Juscelino Kubitschek com quem já trabalhava em Belo Horizonte. Ao deixar o gabinete de JK foi premiado com um Cartório de Notas, que possibilitou a devoção à sua "carpintaria literária."

Vivia sozinho, sem muita noção do resto. Isolado, assumiu a identidade exclusiva do escritor voltado para o gênero literário que o celebrizou.

Recebeu diversos prêmios literários, entre os quais, o troféu Machado de Assis (2008), concedido pela Academia Brasileira de Letras e o Prêmio Camões (2000), um dos mais importantes da língua portuguesa. Publicou dezenas de livros entre os quais *A Barca dos Homens (1961)*, *Uma vida em segredo* (1964), *Ópera dos mortos* (1967) e *Confissões de Narciso* (1997), *Um artista aprendiz* (2000), *Gaiola aberta:* memórias (2000)

CONFISSÕES DE UM ARTISTA APRENDIZ

(*JB*, 29/04/2000)

Na opinião de Autran Dourado faltam aos políticos credenciais para o papel de personagem de romance. Saem-se bem nas versões dos historiadores, mas na ficção estão mais para canastrões. E não por culpa do autor, mas deles próprios.

O próprio Autran não faz exceção à regra segundo a qual romancistas não vêem os políticos como eles costumam parecer aos olhos benévolos dos historiadores. Em *A serviço del-Rei*, relançado este mês pela Rocco, Autran aproveita na ficção as sobras da sua intimidade com o poder. Guardou os nove anos por dentro dos governos Kubitschek (Minas e Brasil) para mais tarde aproveitar num livro de memórias – *Gaiola aberta: tempos de JK e Schmidt*[1], que sai ainda este ano – o que viu e observou. Não repetiria, porém, os nove anos a serviço de JK (que lhe valeram o cartório e lhe permitiram dedicar-se apenas a escrever). Recusou-se a ser ativista na volta de JK ao poder. A democracia entrou em crise e deixou

1 *Gaiola aberta* foi publicado pela Editora Rocco em outubro de 2000, seis meses após esta entrevista.

para trás, em 1965, quem havia, em 1960, apostado todas as suas fichas na continuidade constitucional.

A resposta que deu ao emissário encarregado de sondá-lo a respeito foi que não lhe sobrava tempo para desperdiçar. JK fez então o comentário que dá a medida da distância entre o escritor e o político: "Não entendo esse rapaz. Era escritor em Minas, ganhava pouco e queria ser escrivão. Arranjei-lhe o cartório e quer outra vez ser escritor?"

Para quem, aos 74 anos, aposentado como escrivão, se dispõe a escrever até morrer, pois "sempre há o que contar", era inevitável a expectativa em torno das memórias que guardou para quando a ficção se encerrasse. Filtrou no isolamento e passou para o papel o que viu por dentro. *Gaiola aberta* vai ser o sal do relançamento de toda a sua obra revista. Pressentindo os sinais da repercussão equivocada pelo poder, Autran interrompeu o livro. O acidente o desagradou por confundir com maldade um olhar indiscreto sobre o lado humano de Kubitschek. À moda mineira, Autran não esclareceu nem desautorizou o que, a propósito, se disse dele (e não foi pouco). Submeteu o texto à leitura de duas ou três pessoas, que não nomeia. Por último encaminhou-o ao editor para publicação junto com as obras de ficção, revistas e anotadas.

Autran considera seu dever como escritor fazer a avaliação pessoal da figura com quem trabalhou 9 anos seguidos, do Palácio da Liberdade ao Catete. De taquígrafo a secretário de imprensa na Presidência da República, vivendo a intimidade de decisões políticas, não era o mesmo quando o governo se mudou para Brasília e ficou no Rio por opção pessoal. Para dedicar-se a escrever.

A uns poucos havia confessado a intenção de desmitificar JK. "Nada pessoal", esclarece. "O JK de meu livro de memórias palacianas não é o mito e a lenda, mas o homem, com suas contradições e altos e baixos." Interessou-se pelo saldo da "sua capacidade de sonhar alto e de procurar realizar esse sonho" em confronto com a lenda do dinamismo político. O JK insone e movido a impaciência é versão. E mais não diz por mais que lhe seja perguntado.

O último parágrafo das suas memórias junta o autor, o homem e o mito na despedida: "Fui de manhã ver o corpo de JK coberto de flores. Senti o coração apertado, tive de conter uma lágrima de emoção. Não conseguira entender bem o homem Juscelino, tão contraditório, que havia atrás do mito que eu ajudara a criar."

Waldomiro Freitas Autran Dourado, por extenso, 21 livros, é entre os seus companheiros de faixa etária, desde Belo Horizonte, ao lado de Fernando Sabino, o autor do maior conjunto de livros. Quatro títulos de Autran Dourado foram relançados no início deste ano pela Rocco (*A barca dos homens, Ópera dos mortos, O risco do bordado, Os sinos da agonia*) e outros quatro estão sendo relançados na Bienal (*Uma poética de romance, Novelário de Dongas Novais, A seviço del-Rei* e *Um Artista aprendiz*). A Rocco, que lança ainda este ano *Gaiola aberta*, o primeiro livro inédito de Autran Dourado após dois anos sem escrever, tem um projeto de relançar toda a obra do escritor mineiro.

"Literatura é exercício diário de pessimismo"

O que significa para o autor a reedição completa da obra?

– Prefiro falar mais da obra e pouco sobre o autor, cuja pessoa tem menos importância. O que importa é a obra. Como autor sou mero amanuense da ideia.

Mas o autor explica a obra.

– Em termos. Acho que o leitor tem interesse em conhecer um pouco da vida do autor, mas não altera nada. Os autores que já morreram e os seus livros continuam coexistindo, independente da biografia de cada um. Aliás o autor tem importância pequena dentro da obra. Às vezes é irreconhecível. Acho que esta edição uniforme de minha obra (a reedição de todos os meus livros) é das melhores coisas da minha vida. É a oportunidade para o leitor (se quiser) conhecê-la por inteiro.

Valeu a opção literária?

– Valeu. Tenho hoje uma posição enriquecida com várias teses de mestrado, de doutorado, a respeito de minha obra. Diferentes estudos. Eu não esperava tanto.

O que você sacrificou pela obra literária?

– Sacrifiquei quase tudo. Não conheço nenhuma boate do Rio, nem faço vida social. Limito-me à família e poucos amigos. Cinema, teatro. Livros para reler indefinidamente.

Já se esgotou o que você tinha para criar na sua ficção? Até quando pretende continuar?

– Se conseguir, até morrer. Sempre há o que contar.

Mais que referência, o barroco é obsessão para você que, no entanto, nasceu e viveu a primeira infância numa região sem ênfase barroca.

– Eu me entranhei de barroco, porque o espírito de Minas é o barroco e, no fundo, todas as cidades mineiras se parecem. Têm os mesmos traços de família. Eu sou Minas até em Paris. Não consigo me libertar.

O barroco em Minas foi contra a Reforma, contra o governo e contra o imposto?

– Em princípio foi contra a Reforma. Acho que estamos de certa maneira até atrasados, porque ainda hoje, em alguns lugares, continua funcionando o Concílio de Trento, o laboratório da Contra-Reforma. Contra impostos são todos os mineiros. E oposição é estado de espírito permanente em Minas.

A questão central da sua geração era saber se o mais importante seria viver ou escrever. Tem resposta?

– O mais importante é viver escrevendo, e como é impossível deixar de viver, exceto por vontade própria, o jeito é continuar escrevendo.

Escrever dá mais satisfação antes ou depois de publicar?

– Na hora da criação não há satisfação. Depois do livro concluído, sim, vem a satisfação de alívio.

Você se dá por satisfeito com o que realizou?

– Estou satisfeito com a minha obra. Realizei tudo o que sonhei. É a obra que imaginei quando me dispus ainda jovem a fazê-la.

Que reparos faria à sua obra em conjunto ou a um ou outro de seus livros?

– Eu não faria na verdade nenhum reparo, a não ser nos dois primeiros livros, quando ainda estava aprendendo.

Você não tem aquela tentação, que atormentava Otto Lara Resende, de reescrever tudo?

– Não. Sou contra reescrever livro. Penso que deveria haver um patrimônio histórico literário que tombasse os livros e impedisse que o autor os estragasse. Ou que a família o reescrevesse. Autor morto deve ser aposentado como tal, para sempre.

Como você se sente entre escritores que se realizaram na segunda metade do século? Que acha dos seus companheiros de geração?

– Mantenho com eles uma relação atípica. Essa gente toda é minha geração. Fomos os sucessores dos modernistas. Acho que sem o modernismo nós estaríamos vivendo no atraso.

Que nomes você considera (imediatamente antes do modernismo) digno de serem lidos hoje?

– Merecem ser lidos o mestre maior, que foi Machado, e alguns poucos que tiveram importância porque fugiram ao padrão oficial da língua. Lima Barreto, por exemplo, merece ser lido com respeito.

Falando de vivos, você pode citar alguém – um poeta, um ensaísta, um ficcionista?

– Minhas relações são melhores com os mortos.

Cite mortos da sua preferência.

– Não tenho problema com eles. Na poesia, João Cabral. Na ficção, Guimarães Rosa e Clarice Lispector.

Você é dos que apreciam a leitura de Euclides da Cunha?

– Muito. A meu ver, foi um escritor monumental.

Há crítica literária satisfatória atualmente no Brasil?

– Tirante as resenhas, a crítica literária de jornal, com uma ou outra exceção, realmente não existe. A crítica se refugiou nas universidades. Há teses de mestrado e doutorado muito boas, mas que fazem crítica do passado. A crítica como faziam Tristão de Ataíde, Álvaro Lins e Antônio Candido, que consagravam um escritor, não há mais. Mas reconheço que estou sendo um tanto leviano, pois em geral só leio os jornais do Rio de Janeiro.

Os críticos literários são indispensáveis?

– Os críticos são necessários e indispensáveis ao leitor, ao escritor quase nunca. Aliás o escritor não deve escrever pensando na crítica, ele só escreve para si mesmo e para estranhos.

Quer aproveitar a oportunidade para rebater a suspeita de plágio (em relação a Flaubert) levantada em torno de *Uma vida em segredo*?

– *Uma vida em segredo* tem sido vítima de uma crítica pavloviana, de reflexo condicionado. A semelhança entre a minha prima Biela e a Felicité de Flaubert se deve ao fato de serem ambas franciscanas, simplesmente.[2] Felicité é uma empregada doméstica, enquanto Biela tem posses mas fez a sua opção pela simplicidade e a pobreza. No mais, são inteiramente diferentes.

Você teria uma palavra amável sobre os leitores brasileiros, em comparação com o leitor universal?

---

2 Prima Biela e Felicité são protagonistas de *Uma vida em segredo* (Autran Dourado, 1964) e *Um coração simples*, conto de escritor francês Gustave Flaubert.

– O leitor brasileiro é tão bom quanto o de qualquer outro país.

O leitor brasileiro tem mais ou menos defeitos?

– As características do leitor são universais.

O leitor é surpreendente, para pior ou para melhor? É imprevisível?

– O leitor é surpreendente e imprevisível.

Quem orienta o leitor? Quem o manipula? A propaganda, o marketing, ou uma corrente subterrânea os mobiliza?

– Para infelicidade nossa é o marketing, que se vale do triste consumismo da sociedade moderna.

Há no Brasil público leitor de peso, se não econômico, pelo menos por instinto social?

– Não, não tem.

O Brasil tem opinião pública?

– Tem, demora a se exercer, mas tem opinião pública.

Você somou nove anos ao lado de JK: é verdade que, no seu livro de memórias, *Gaiolas abertas*, o presidente aparece despido da lenda?

– O JK de meu livro de memórias palacianas não é o mito e a lenda, mas o homem, com suas contradições e altos e baixos.

Você viu JK com lentes bifocais: havia um para o grande público e outro para os íntimos?

– Vejo Juscelino Kubitschek como uma moeda: o povo e a história só vêem a coroa, eu apresento a sua cara humana, demasiadamente humana.

Qual é o grande saldo de JK? O que ficou dele para ser aproveitado como ensinamento?

– O seu respeito à Constituição, a sua capacidade de sonhar alto e de procurar realizar esse sonho. Acrescente-se a isso o seu espírito autenticamente democrático, a sua empatia com o povo, que o estimava.

Qual o saldo (se houve) da sua convivência com o poder de modo geral?

– A minha visão de poder sempre foi a mesma, desde antes de ter me aproximado dele. É um ângulo pessimista de ver. Só comparável à convicção pessimista da natureza humana.

E a literatura é para você um exercício de pessimismo?

– Sim. Exercício diário de pessimismo. Ato de contrição.

Ao chegar à reedição final, missão cumprida? Ou terá sido apenas opção?

– Foi realmente missão cumprida. E não faz diferença.

Você fez a opção pela literatura como leitor ou como terapia pessoal dos seus fantasmas?

– Como terapia pessoal, por vontade de me afirmar e para me realizar como pessoa.

Visto de dentro, o poder é como a gente imagina quando jovem ou como se diz depois de velho?

– O poder impressiona mal ao velho. Com a idade, perde o encanto. É realmente um sacrifício, mas para o povo.

Qual a diferença entre o poder hoje e no seu tempo de jovem?

– Havia mais pudor. Os políticos eram mais escrupulosos. Não se via esse festival de corrupção que deprime atualmente.

Abstraindo a questão da corrupção, o poder era mais competente no passado?

– Os políticos exerciam o poder com mais competência.

O que fez o poder perder a competência?

– A incapacidade de enfrentar e resolver problemas.

Por que o político perdeu a capacidade de encontrar soluções?

– Ele não tem capacidade, não tem escola, acredita em marketing e outras empulhações. Nada substitui o senso político. Pesquisas de opinião orientam os políticos e os candidatos, mas não fazem estadistas. O demagogo, por exemplo, usa pesquisas mas não faz o que os pesquisadores recomendam. E arrancam votos até do asfalto.

A política fez muito por você ao longo da sua vida?

– Para mim, pessoalmente, me deu um bom cargo. E apressou a minha conclusão de que a política não é para qualquer um. Pede vocação.

Qual o preço que você pagou para merecer da política as condições de ser escritor?

– Eu, de uma certa maneira, por estar próximo do poder, por ter servido ao poder, gostaria de usar uma frase do padre Antônio Vieira: "El rei de perto queima, de longe esfria."

O padre Antônio Vieira foi seu espírito santo de orelha na hora de escrever o livro sobre o tempo de Juscelino Kubitschek (que é também o seu tempo)?

– Não, padre Antônio Vieira não. Eu apenas lembrei uma frase dele.

E o que você faz pela política, além de votar todo esse tempo?

– Eu dei a minha dedicação. Trabalhei nove anos sem tirar o pé do acelerador, dei todo esse tempo como sacrifício. Cheguei a adoecer de tanto trabalhar.

Teve saldo também, além do benefício, digamos material?

– Sim.

Conheceu gente interessante no poder?

– Sim, conheci pessoas interessantes.

Por exemplo?

– Pessoas com quem trabalhei. Escritores que também colaboraram para dar qualidade ao governo que melhor representou a aspiração brasileira de democracia. Juscelino tinha paixão pelos escritores. Seu gabinete era composto, na maioria, por escritores, com exceção de um ou dois. Tive convívio diário com escritores como Cyro dos Anjos, Cristiano Martins, Alphonsus de Guimaraens. E, principalmente, a criatividade permanente de Augusto Frederico Schmidt.

Qual a sua avaliação literária dos livros de ficção em torno da política, com personagens políticos (como os romances de Carlos Castello Branco, Cyro dos Anjos e Permínio Ásfora)?

– O Castellinho fez *Arco de triunfo*, o Cyro dos Anjos, *A montanha*, e o Permínio, *O eminente senador*, mas nenhum dos personagens faz prova da qualidade do político brasileiro, por mais que seus autores tenham tentado com conhecimento de causa.

O que você acha desses livros?

– A dificuldade de criar personagens políticos é material. Acho que o político não é um bom personagem. Tanto não é que até hoje não consagrou nenhum escritor.

Octávio Junqueira Mello Alvarenga

(1926-2010)

Nasceu em Belo Horizonte. Casado por 25 anos com Maria Alice Drummond Alvarenga, teve quatro filhos: Isa Chloris, Antônio, Rodrigo e Roma.

Poeta, escritor e advogado.

Estudante de Direito, começou pela literatura na efêmera *Revista Edifício*, em 1946.

Mudou-se para o Rio de Janeiro na década de 1950 para trabalhar na campanha presidencial de Juscelino Kubitschek e ficou. Dizia que havia trocado de cidade por conta do mar, segunda paixão dos mineiros.

Um dos maiores especialistas em Direito Agrário no país, presidiu a Sociedade Nacional de Agricultura por três décadas.

Integrou "Cantores do Chuveiro", grupo de cantores amadores que apareceu em 1999 composto por nomes como Sylvia Wachsner, Laura Sandroni e o diplomata Afonso Arinos, filho, entre outros.

Autor de 18 livros entre os quais *Acerto de contas, Judeu Nuquim, Doralinda, Sexta-Feira, 16, Agricultura brasileira:* realidade e mitos *e Rosário de Minas:* memórias e sugestões. Desde 1988 era casado com Sylvia Wachsner.

ROSÁRIO DE MINAS: UM LIVRO E SEU AUTOR

Não é verdade ao pé da letra mas podia ter siso, garante Octávio (Mello ou Junqueira) Alvarenga. Melhor: não é completamente verdade mas nada podia impedir que fosse. A ressalva diz respeito à ficção que o autor de *Rosário de Minas*: Memórias e sugestões (2003) adotou como recurso em livro de memórias e bordão para encerrar o assunto. Verdade para o autor, para os leitores deixou de ser por ausência de provas e testemunhas. Fato não sendo, nem por isso chega a ser meia verdade.[1]

Bordado tem avesso, bordão não. Entre um livro e outro, revezam- se em Octávio Alvarenga o autor e o personagem desde os primeiros versos, quando as musas lhe abriram as portas da ilusão literária.

Com o tempo ajusta-se tudo o que foi e o que podia ter sido. Com o foco no infinito, tudo é verossímil. Na adolescência, Octávio não saiu por aí à procura de personagem,

---

1 Publicado como texto de orelha de *Rosário de Minas*: memórias e sugestões. Rio de Janeiro: Lidador, 2003.

nem se ofereceu como personagem desempregado à espera de autor. Mas manteve o gosto de viver a vida inteira. A última, pela altura dos 70 anos, foi afinar-se e juntar-se aos "Cantores do Chuveiro". Mas Octávio gostava mesmo é de viver.

Quando começou (como poeta) o mundo estava a um passo da paz internacional, no Brasil a democracia era esperada, mas sem data marcada. Dois romances, *Doralinda* (1963) e *Judeu Nuquim* (1967), foram bem recebidos pela crítica e pelos leitores, mas não voltaram em novas encarnações. Veio morar no Rio e trabalhar com o pessoal na campanha de JK em 1955. Reuniu artigos sobre temas literários em *Mitos & Valores* (1956). Daí por diante embrenhou-se pelo direito agrário e foi parar na Espanha. A fidelidade aos companheiros das primeiras letras manteve-se pela convivência e pela correspondência. Em *Acerto de contas*, o avesso familiar abriu o acesso do escritor à memória mas também despertou o exercício da ficção onde ela não devia ser chamada. Diante da reação dos amigos às várias versões do *Rosário de Minas*, Octávio Alvarenga tentou primeiro convencê-los. Não conseguiu nem com a promessa de encerrar a exploração da mina. Nem a suave e silenciosa Sylvia, presente nacional do Equador ao escritor mineiro, o convenceu a polir com a ficção o que, não tendo ocorrido devia ao menos parecer.

Bateu à porta de todos os editores possíveis, nenhum abriu. O autor saiu então à procura de leitor que se dispusesse a compartilhar o financiamento de uma edição restrita. Nem com o compromisso de nunca mais visitar as memórias do tempo da rua Guaicurus, o eixo da noite em torno do qual giravam o Montanhês, o Maravilhoso, a Pensão Jovita numa Belo Horizonte que parecia catálogo *art deco* ao tempo em que circulavam os contemporâneos de Hilda

Furacão restaurada com muita ficção de Roberto Drummond no popular dialeto da televisão.

Aos 76 anos Octávio cultiva amizades plantadas na adolescência e colhe ressentimentos na Belô dos anos de 1940, fiel aos primeiros deslumbramentos em prosa e verso. Poeta na casa dos vinte anos, fez prosa de ficção, passou aos ensaios de literatura, embrenhou-se na reforma agrária na patente de jurista. O cantor de árias no banheiro foi o último a conhecer o sucesso profissional com o grupo de madurões em musicais de casa cheia no Rio.

Defensor veemente da mistura da realidade com a ficção, em doses variáveis, Octávio Alvarenga atravessou o roteiro, desistiu várias vezes e recomeçou outras tantas, pressionado pelo personagem cuja função acumula o papel de autor. Os amigos não conseguiram mantê-lo na realidade. Para ele a ficção passou a assunto pessoal a resolver, de poeta para poeta, depois que o maior lhe virou as coisas e nem mais o cumprimentou. Na pele do autor, o personagem apelou para a ficção. O livro é um roteiro de todos os personagens que se revezam no autor.

Carlos Castello Branco

(1920-1993)

Nasceu em Teresina, filho do desembargador Christino Castello Branco e de Dulcilla Santana Branco. Casado por mais de 40 anos com Élvia Lordello Castello Branco, teve 3 filhos: Rodrigo, Luciana e Pedro.

Jornalista, escritor, membro da Academia Brasileira de Letras.

Aos 18 anos, chegou a Belo Horizonte para completar os estudos e se matriculou na Faculdade de Direto. Logo conheceu Otto Lara Resende e seus companheiros da iniciação literária, Paulo Mendes Campos, Hélio Pellegrino e Fernando Sabino. Pouco depois, a segunda leva de jovens escritores: Autran Dourado, Sábato Magaldi, Francisco Iglésias, Jacques do Prado Brandão e outros. Começou a carreira de jornalista nos Diários Associados, em Minas, em 1939. Trazido para o Rio em 1945 por Assis Chateaubriand, passou pelos Diários Associados, em *O Jornal*, no *Diário da Noite* e na revista *O Cruzeiro*, em seguida no *Diário Carioca* e no *Mundo Ilustrado*, entre outros. Como secretário de imprensa de Jânio Quadros, foi para Brasília em 1961. Sete meses depois, retornou ao jornalismo político com a *Coluna do Castello*, primeiro na *Tribuna da Imprensa* e depois no *Jornal do Brasil*. Não veio a este mundo senão para o que foi: jornalista. Seu poeta de devoção: Manuel Bandeira. Publicou 7 livros. *Continhos brasileiros* (1952), *Arco de triunfo* (1959), *Introdução à Revolução de 1964*, 2 vols. (1975), *Os militares no poder*, 4 vols. (1977, 1978, 1980 e 1981), *Retratos e fatos da história recente* (1994), *A renúncia de Jânio* (1996).

CASTELLINHO EM MOLDURA MINEIRA

Idade de ginasiano e porte físico equivalente compunham a figura de Carlos Castello Branco quando foi estudar em Belo Horizonte. Não mudou depois que veio para o Rio. A vida adulta chegou mais cedo e o jornalismo teve papel preponderante. A capital mineira, beirando seus quarenta anos, zelava severamente pelos costumes trazidos pelas famílias que vieram do interior. Quem vinha de fora era mantido a alguma distância, sob uma desconfiança genérica, e visto como forasteiro. Com reservas. Era preciso tempo, muito tempo, para conhecer por dentro as casas dos amigos.[1]

Castellinho, vamos deixar de cerimônia, aprendeu a viver à maneira mineira. Se não era antes, aprendeu por lá a ficar mais calado do que o necessário. Perfil de casmurro, mas irônico. Era enturmado com escritores, jovens ou mais

1 Alocução em mesa-redonda pelos 10 anos de morte de Carlos Castello Branco, a 03 de junho de 2003, na Academia Brasileira de Letras. Publicado originalmente em *Revista da Academia brasileira de Letras*, Fase VII, Julho-agosto-setembro 2003, Ano IX, nº 36.

velhos. Gostava da vida de jornalista solteiro. O mundo era o jornalismo, a literatura e os amigos também solteiros.

Muito anos depois, Castello contou que, apesar de ser par constante de Otto Lara Resende na volta para casa, depois do último bonde à meia-noite e meia, ainda se sentia um estranho na capital mineira. *Estado de Minas*, *O Diário* (católico), *Folha de Minas* traziam o mundo em guerra mas o noticiário nacional era um vácuo censurado. Otto ia para o seu quarto, com janela para a Rua Alagoas, e de cima continuava o diálogo com o Castello postado embaixo na calçada. Castellinho da calçada e Otto da janela mantinham a conversa literária sem fim.

Não havia política mas a maledicência campeava solta, tendo como personagens os figurões da vida pública. Era a alternativa para a falta de liberdade. A censura do Estado Novo nada podia contra o exercício de picotar reputações, que não é, por sinal, exclusividade mineira.

Era assim que a cena se repetia: Castellinho na calçada e Otto debruçado na janela alguns metros acima. O tempo sobrava, as noites eram compridas e frias. Havia assunto para sustentar as relações no começo da vida adulta. Numa entrevista na casa dos setenta anos, Castellinho contou que nunca havia sido convidado a entrar. Nunca houve explicações. O tempo passou. A observação foi lida pelo Otto, que não respondeu. Esperou a oportunidade e, ao ser eleito para esta Academia, aproveitou para dar a resposta em telegrama ao velho amigo: "*...a janela agora ficou mais alta.*" Desta vez, porém, Castellinho não ficou ao relento, e, não demorou muito, veio fazer companhia ao amigo na Casa de Machado de Assis.

Castellinho tinha temperamento adaptável ao convívio mineiro, a que certa timidez dava naturalidade. E assim como foi para Belo Horizonte ainda ginasiano, de lá saiu bacharel em direito e jornalista preparado para a vida profissional que veio a ser a sua primeira natureza.

Em poucos anos no Rio, falando pouco e escrevendo muito, criou o nicho de cronista político que consagrou um gênero à sua imagem e semelhança. O estilo era Castellinho no espelho. Na pior fase dos governos militares, quando a política era vista com reservas e a censura jogava pesado, Castellinho transitava entre a informação e a opinião num exercício de interpretação que criou e consagrou um modelo. Mas, pelas peculiaridades pessoais, não foi seguido por ninguém. Castellinho foi um: com sua morte quebrou-se a forma.

Aquele modo exclusivo de contar era arte pessoal a ser estudada quando todos os personagens daquele tempo tiverem passado desta para a melhor. Como jornalista teve problemas com os governos, mas passou à posteridade um enigma sobre os informantes de que se valeu nos tempos difíceis. As suas informações eram exclusivas e não tinham impressão digital. A *Coluna do Castello* é um dos pilares do jornalismo moderno no Brasil.

Esse é o perfil mais conhecido de Carlos Castello Branco, que não se valia de heterônimos mas era múltiplo. Houve mais de um Castellinho, no bom sentido, escondido sob a timidez. O tom rouco de voz, os olhos que diziam mais do que o silêncio em certas horas. Como jornalista, não me lembro mais em que jornal, foi autor de entrevista literária em que lançou Benedito Valadares, outro caladão, como autor de um romance que estava para ser publicado. Foi uma surpresa geral que um jornalista conectado com a oposição, frequentador do mundo udenista onde o código era a maledicência, revelasse a existência do romance *Espiridião* e a autoria de Valadares, de quem a oposição mineira fazia pouco literariamente. O lançamento literário de página inteira fez furor e repercutiu.

O lado oculto de Carlos Castello Branco teve menos oportunidade de se mostrar no acadêmico que vestiu o fardão com desembaraço, sem se intimidar com os galões. A primeira natureza ficou sendo a do jornalista. Foi quem escreveu mais, conviveu mais, sobreviveu à morte. O escritor sobrevive nas lembranças fragmentadas dos escritores, seus leitores preferenciais, mas terá outras oportunidades de vida própria quando voltar em novas edições. Castellinho frequentou, por hábito, os mineiros em geral e, em particular, aquele quarteto que vivia cada qual para um lado mas sobrevivia como conjunto: Otto Lara Resende, Fernando Sabino, Hélio Pellegrino e Paulo Mendes Campos o cultivavam como mascote. Por pouco, teria sido o quinto do grupo. Tinham a marca do convívio quase obrigatório naquela Belo Horizonte com menos de 300 mil habitantes, com o deslumbramento da Pampulha (um lago imenso para compensar a falta de mar), com quatro obras de Oscar Niemeyer e a jovialidade otimista de JK quando prefeito.

E, sobretudo, o alvoroço das descobertas literárias. Todo dia era dia de conversa literária. Se faltava tempo, no fim da noite, depois do último bonde, ia-se a pé para casa nos bairros. Iam todos ficando pelo caminho. Castello voltava sozinho. Morava no Centro, primeiro em república de estudantes, depois, já vivendo de salário, em hotéis modestos. Eram a cama e a estante com os livros que identificavam as primeiras preferências. Os romances do Nordeste, ainda recendendo a sucesso, com óbvia mas discreta preferência pelos de Graciliano Ramos, sem prejuízo dos demais. Poesia, todos os modernos editados. Castellinho não guardava vestígios parnasianos e românticos. Sabia de cor, e citava, com a voz abafada pela dicção baixa, versos de Manuel Bandeira, Mário de Andrade, Oswald de Andrade. Ascenso Ferreira resgatava costumes rurais do Nordeste. Ele gostava do tom brasileiro. Cabiam também no seu interesse os mineiros João Alphonsus, Cyro dos Anjos, Mário Palmério (mais tarde).

Mas nem só de Brasil se fazia o espírito moderno de Carlos Castello Branco. A estante (armário com portas corrediças de vidro) deixavam à vista Proust e Balzac, provavelmente incompletos, no original francês, editados antes da guerra. Mas lidos e absorvidos. Desse ciclo, quando os jornais fechavam pela madrugada e circulavam com as dificuldades de transporte que os obrigavam a viajar pelos trens que saíam cedo, ficou o ritual das noites de domingo. Um grupo variado se juntava na Praça Sete, à espera dos jornais que chegavam do Rio, capital da República, com as últimas avaliações sobre o fim da guerra mundial e o advento de um novo regime político para substituir o Estado Novo e restaurar a liberdade de imprensa. Castellinho era figura de destaque, silencioso e observador, autor de reparos curtos e incisivos. Cortantes.

A época era de discreta apoteose de novidades militares na convergência final dos aliados sobre a Alemanha e o desfecho pressentido da ditadura. Líderes estudantis, jornalistas de todas as tendências, escritores (sobretudo potenciais) e os inquietos dotados de curiosidade intelectual, encontravam-se e trocavam esperanças na Praça Sete ou na estação da Central, quando os trens se atrasavam. Era, evidentemente, outra Belo Horizonte. Os frequentadores também.

Como os jornais eram matutinos e não circulavam às segundas-feiras, a noite de domingo era utilizada por Castellinho para longas caminhadas em companhia de um ou dois mais dispostos à empreitada. Ainda não havia o método de Cooper, mas andava-se muito. Castellinho percorria a Avenida do Contorno, que demarcava o perímetro urbano. E no dia seguinte estava pronto para começar a semana.

Antes que a guerra terminasse, Castellinho foi trazido para o Rio por Assis Chateaubriand. Assim que a ditadura começou a desmoronar, como um castelo de cartas, revelou-se o repórter político em reforço do "cozinheiro" de jornal. Veio para o Rio e se tornou *chef* antes de assumir integralmente a reportagem política, abrir um caminho pessoal e chegar à Academia.

Foi no Rio que, deixando para trás os hábitos de estudante solteiro, Castellinho viveu o despertar do amor que conhecia apenas de referências literárias. Uma iniciante, colega de trabalho, derrubou o precoce celibatário com presença irresistível: o tímido de poucas palavras, sem uma fase preparatória, pediu a mão da repórter que se iniciava no jornalismo e estudava direito. Casaram-se e foram diretamente para Paris numa época em que, no máximo, a classe média passava a lua de mel na Argentina. O resto foi a vida, que dá e tira não segundo o merecimento nem por antiguidade, mas pelas razões que não fornece.

Na volta, Castellinho foi levar a moça Elvia para conhecer Belo Horizonte e os amigos que por lá continuavam. Apresentou o pedaço do passado a quem iria dividir com ele o futuro. Poucos daquela época sobreviveram a um tempo que pode apenas ser lembrado. Que falem enquanto é tempo.

O DOM DE DECIFRAR O MOMENTO POLÍTICO

(JB, 24/6/2000*)*

Os fatos políticos estavam nas páginas dos jornais pela manhã, mas era a *Coluna do Castello* que oferecia as chaves para os leitores entendê-los em seus desdobramentos. Nos momentos difíceis da Constituição de 1946 estava implícito o que veio a suceder no primeiro dos anos sessenta. Carlos Castello Branco apurou o dom de decifrar o que queriam dizer os homens públicos daquela época, e que, com o passar do tempo, parecem mais preparados que os atuais.

Castellinho, mais que um hábito, se tornou vício matinal na faixa da sociedade em que são tomadas as grandes decisões e se movem altos interesses. Era tão importante para os preocupados ler a *Coluna do Castello* em tempo de crise quanto se interessar pelas cotações da Bolsa e previsões meteorológicas nos fins de semana.

Desde que veio de Belo Horizonte para o Rio em 1945, jornalista feito (assim que caiu a censura à imprensa no começo do fim do Estado Novo), Castellinho começou a mostrar que não veio a este mundo senão para o que foi. Era jornalista, ponto: uma visão do mundo isenta (tanto quanto possível) de participação pessoal. O jornalismo brasileiro, na segunda metade do século XX, conseguiu separar, de um lado, os fatos e, de outro, a opinião do jornal. Jornalista informa, relata, noticia, não opina. Durante 30 anos, Castellinho conseguiu dar feição pessoal a fatos (às vezes nem isso) acomodando-os numa versão verossímil, por sua conta. Transgrediu limites dogmáticos no jornalismo sem profanar o respeito pela informação. Com ele, a objetividade fingia desconhecer a ordenação subjetiva em que costumam ser costurados os fatos.

Raramente enfático, mestre em despistar ou ocultar dados capazes de revelar a fonte, Castellinho trabalhava nas entrelinhas, onde a censura não se aventurava. Carlos Castello Branco teve papel importante depois que a mão pesada do AI.5 baixou sobre jornais, rádio e televisão. A Coluna não emitia recados políticos de terceiros mas diluía o significado oculto nos lugares comuns, repetidos dia e noite como sinais de vida ativa. Por trás da simulação de vida política permitida, Castello traduzia para os leitores o que não passava de blá-blá-blá.

Assim a *Coluna* se tornou ponto de referência diária dos jornais (rádio e televisão não tinham dialeto para furar a proibição) para os que vinham de antes de 1964 – e estavam reencontrando a intolerância que conheceram na versão do DIP (Departamento de Imprensa e Propaganda), no Estado Novo – e para os que se iniciavam no ciclo militar, numa vida política de inspiração juvenil.

Boa parte das colunas do Castello no período militar foi reunida em livros. Há muito ainda por organizar, editar e decifrar com alcance histórico. *Os Continhos brasileiros* (1952), o primeiro livro, têm vida literária própria. Dos escritos políticos, porém, *A Renúncia de Jânio* (1996)[1], não tem semelhante nas 122 páginas que fazem história. Sofreu a depreciação que não decorreu do que conta mas do próprio fato em torno do qual Castellinho concatenou tudo que viu e reuniu numa versão completa. "A notícia da renúncia não me emocionou. A intimidade com o poder político deu-me cedo a sensação de que o cálculo inspira geralmente as decisões, mesmo as mais nervosas."

A Renúncia de Jânio foi escrita depois de consumadas as consequências e destinada à publicação depois de morto o último dos personagens. Seria tarde demais porque a renúncia não foi digerida politicamente. Castellinho passou para o papel logo depois tudo que viu de perto, com as limitações do lado de dentro. É nesse texto original que Carlos Castello Branco depõe na primeira pessoa do singular, antes de tudo como repórter atento.

A renúncia é apresentada na visão ampla dos sete meses do governo Jânio Quadros, pelo ângulo da disputa do poder oculto: Pedroso Horta e José Aparecido[2] travavam uma batalha ideológica, um apostando na direita tradicional e outro arriscando na esquerda. O presidente era o objeto da disputa e oscilava entre as duas tentações. O terceiro homem foi Carlos Lacerda, e daí por diante começou a crise propriamente dita. Era inevitável, porém, simpatia maior por José Aparecido – confessou Castellinho – "que me levou para o governo menos talvez como assessor do presidente do que dele próprio". "O clima em que decor-

1 *A Renúncia de Jânio*: um depoimento. Rio de Janeiro: Editora Revan, 1996.

2 Oscar Pedroso Horta era ministro da Justiça e José Aparecido de Oliveira, secretário pessoal de Jânio Quadros.

ria o governo preparava-me interiormente para episódios decisivos e dramáticos. Jânio era, no governo, um homem tenso e dramático."

Na *Coluna*, criada um ano depois na *Tribuna da Imprensa* (e que traria em seguida para o JB), Castellinho recua para a terceira pessoa, fica invisível como era do seu feitio. Ouvia mais do que falava: sabia ouvir e guardar de memória. Falava pouco e para dentro.

Nos 80 anos que completaria agora, a renúncia de Jânio ainda não desperta interesse maior dos que a viveram de perto - ou dos que deram acordo de si sob governos militares. Aos contemporâneos, porém, enfastia a cogitação meio obsessiva em torno das verdadeiras razões, tanto políticas quanto clínicas, depois de terem passado pelas consequências. Prevaleceu com o tempo a convicção geral de que a renúncia foi erro de cálculo por parte de Jânio.("Não farei nada para voltar, mas considero minha volta inevitável"; "dentro de três meses, se tanto, ... o clamor para reimplantação do meu governo"). Outros ainda perfilham o diagnóstico de desequilíbrio emocional do personagem.

No centenário de Castellinho, em 2020, *A Renúncia* poderá ser de extrema utilidade, já isenta dos efeitos diretos e indiretos, para se entender o Brasil. Quando cessam as consequências, tudo passa a ser história. O autor e o livro podem esperar. Até lá.

AVULSOS

José Maria Alkmim

(1901-1974)

Nasceu em Bocaiúva (MG), filho de Herculano Augusto de Alkmim e Sérgia Caldeira de Alkmim. Foi casado com Maria das Dores Kubitschek da Fonseca, teve quatro filhos.

Em 1916 mudou-se para Diamantina para continuar os estudos. Nesta cidade conheceu sua futura esposa e foi colega de escola de Juscelino Kubitschek.

Mudou-se para Belo Horizonte em 1919 e começou a vida profissional como telegrafista. Em 1925, tornou-se repórter do *Diário de Minas*, mesmo ano em que ingressou na Faculdade de Direito de Belo Horizonte, diplomando-se em 1929, na mesma turma que o jurista e político Bilac Pinto (1908 - 1985)

Foi reitor do tradicional Ginásio Mineiro.

Em 1933 foi eleito deputado para a Assembleia Nacional Constituinte, pelo Partido Progressista Mineiro (PPM). No ano seguinte, reelegeu-se deputado federal.

Em 1935, Alkmin assumiu o cargo de ministro do Tribunal de Contas de Minas Gerais. Pouco tempo depois, foi nomeado secretário do Interior e Justiça do estado. Durante esta gestão, Alkmim foi responsável pela reforma do sistema carcerário estadual, fundando e dirigindo a Penitenciária Agrícola de Neves. Mudanças como utilização de guardas desarmados, permissão para que os detentos mantivessem convívio com as famílias, além do aprendizado de um ofício foram inovações propostas pelo jurista.

Foi também sua a iniciativa de trazer a Belo Horizonte a educadora Helena Antipoff para criar o Instituto Pestalozzi.

Em maio de 1939, tornou-se professor de economia política da Faculdade de Filosofia da Universidade de Minas Gerais (UMG)

Em 1945, Alkmim retornou à vida partidária como um dos fundadores do PSD (Partido Social Democrático) pelo qual participou da Constituinte de 1946 e foi reeleito para a próxima legislatura. No mesmo período tornou-se secretário de Finanças de Juscelino Kubistchek, então governador de Minas Gerais (1951-1954).

Foi um dos principais articuladores da campanha de JK à presidência em 1955, e tornou-se Ministro da Fazenda do presidente eleito.

Tornou a se eleger deputado federal na legislatura (1960 – 1964). Foi vice-presidente de Humberto Castelo Branco, primeiro presidente militar.

Pessedista histórico, José Maria Alkmim é um dos políticos mineiros mais famosos pela astúcia e habilidade que demonstrou em diversas situações ao longo de sua vida pública. Morreu em 1974, em Belo Horizonte, no exercício de seu último mandato como deputado federal.

JOSÉ MARIA ALKMIM E A GERAÇÃO DE 1930

Admitida sem grandes protestos como gênero literário, a biografia não é mais que a vida de uma pessoa escrita por outra. Os biógrafos preferiram no passado vidas capazes de proporcionar leitura edificante. Dessa fase em que os homens estavam mais para super-homens, sobreviveram as *Vidas paralelas*, nas quais Plutarco narra os feitos de 46 estadistas gregos e romanos, e *A Vida dos doze Césares*, às quais Suetônio deu o toque de grande produção cinematográfica.[1]

O sentido moral como pretexto para contar vidas garantiu aos santos, na Idade Média, lugar cativo no gênero biográfico. No Renascimento a virtude deixou de ser o centro de gravidade do homem, que perdeu tratamento preferencial de herói e se humanizou. Escassearam os santos. Mais adiante o romantismo exagerou na dose de sofrimento. Finalmente no século XX a biografia conquistou o gran-

---

1 Originalmente publicado como prefácio ao livro *José Maria Alkmim*: uma biografia, do escritor e político mineiro Murilo Badaró. Rio de Janeiro: Nova Fronteira, 1996.

de público, passou a ser sucesso de venda e consagrou escritores de um gênero premiado com vida própria.

Romain Rolland, André Maurois, Emil Ludwig, Stefan Zweig ampliaram as fronteiras da biografia, que neste final de século ganhou a terceira dimensão investigativa criada pelo jornalismo. Sendo remotos seus vínculos com a História, a biografia aproxima-se cada vez mais do jornalismo que garimpa concessões dadas aos historiadores. Badaró não fez jornalismo investigativo mas utilizou recursos de reportagem com uma boa meia dúzia de episódios que estavam incompletos. "Em Montes Claros começou a revolução de 1930", escreveu Chateaubriand, e Murilo conta de novo, com pormenores esclarecedores, o episódio que se tornou lendário.

A biografia de brasileiros por brasileiros não se impôs como gênero literário. Manteve-se bissexta, valorizada mais pelas qualidades literárias do autor do que pela investigação histórica, bem comportada, sem invadir a privacidade dos personagens. Contam-se nos dedos as biografias brasileiras com fôlego editorial.

Faltavam autores com disposição para a pesquisa e editores com orçamento para financiá-los. As novas biografias estão mudando o mercado brasileiro. São gente deste século, com indicações para entendimento objetivo da vida nacional exatamente como ela é, e não como se dizia que era. Desde *O anjo pornográfico*: a vida de Nelson Rodrigues (1992), *Chatô:* o rei do Brasil (1994) e *Mauá:* empresário do Império (1995)[2], para citar os três de maior repercussão, a biografia derrubou a reserva de mercado para escritores de renome. Ruy Castro, Fernando Morais e Jorge Caldeira

2 As três biografias citadas foram publicadas pela Companhia das Letras.

reinventaram a biografia, multiplicaram as possibilidades nacionais do gênero e confirmaram que o mercado está aí. Só faltavam obras.

José Maria Alkmim: uma biografia é trabalho de político profissional, e não de jornalista, escritor ou historiador. Murilo Badaró confirma o sintoma clássico da fusão de identidade entre biógrafo e biografado, mas sem comprometer o trabalho. A admiração de um pelo outro está na origem do livro e, algumas vezes, nos adjetivos de sonoridade parlamentar.

Murilo elegeu-se deputado estadual em 1958 e, a partir de 1962, deputado federal por Minas (o primeiro mandato ainda foi pelo PSD). O pessedismo hereditário o levou a personalizar o protótipo do político mineiro e, para remover o "cone de sombra que tem impedido a visão correta da verdadeira dimensão do notável homem público", lançou-se à empreitada de reconstituição de fatos nacionais que, sem Alkmim, teriam sido escritos de outro modo.

Qualquer biógrafo é suspeito de usurpar o papel do biografado, pensar por ele e transferir-lhe sentimentos. Por não ter a preocupação de ancorar, em depoimentos e documentos, observações que constam do texto, Murilo passa às vezes a impressão de falar por Alkmim. Compartilharam, apesar da diferença de idade, os mesmos valores que deram ao pessedismo o toque eminentemente mineiro, com variantes locais na sua difusão nacional.

José Maria Alkmim continua a ser o mais citado dos políticos mineiros que nasceram no começo do século e tomaram três quartos do seu tempo. A *petite histoire* da política nacional, de 1930 até a retirada dos militares já na segunda metade dos anos de 1980, tem nele e em Antônio Carlos Ribeiro de Andrada os dois personagens mais bem servidos por essa virtude tão incompreendida, a astúcia política, na qual foram mestres. Quando Café Filho o chamou ao Catete e, de presidente líder da maioria na Câmara, manifestou-se preocupado com a situação em que o futuro presidente – fosse quem fosse – receberia o governo, Alkmim concluiu de estalo que já era o golpe - pois JK já estava eleito. Saiu dali direto para a ação que se materializou no 11 de novembro.

O autor localiza o começo da admiração de Alkmim pelo velho Andrada, presidente de Minas, numa entrevista coletiva na qual o jovem repórter do *Minas Gerais* foi distinguido com a declaração de intenção de fazê-lo deputado na primeira oportunidade. Alkmim aceitou a premissa e foi logo à conclusão: federal ou estadual?

Presença de espírito, humor, paciência, malícia iriam definir o lado leve da personalidade de José Maria como discípulo de Antônio Carlos, de quem tomou o gosto de vestir-se com apuro e elegância. Dizia-se do Andrada que viajava de trem, entre Belo Horizonte e Rio, que não deixava as calças perderem o vinco impecável. E que era capaz, em política, de tirar as meias sem tirar os sapatos.

Sebastão Nery trocou a batina por Minas e, devolvido ao jornalismo quando perdeu o mandato de deputado em 1964, recolheu todos os casos que rastreavam a vida pública de Alkmim. Nery publicou casos e lendas que, sob aparência folclórica, prestigiavam os políticos e reabilitavam a política. Alkmim foi a mais constante e versátil presença nas crônicas que contornavam a censura e eram admiradas pelos censores. Observações e frases anônimas (ou mesmo com autoria conhecida) acabaram atribuídas a ele. Alkmim era verossímil. Entre as frases com o seu sotaque, a mais citada é a que confere precedência da versão sobre o fato, cuja autoria ficou dividida entre ele e Gustavo Capanema. Mesmo que a autoria de Capanema seja um fato, a formulação atribuída a Alkmim reverencia a versão.

A morte de Olegário Maciel e a manobra de Getúlio Vargas para encontrar um *tertius* e fazer Benedito Valadares interventor em Minas são o ponto de partida da história propriamente dita que Murilo Badaró queria contar. Vargas manteve o suspense nos três meses consumidos em idas e vindas de emissários e protagonistas do primeiro nível, entre Rio e Belo Horizonte, enquanto encaminhava a solução que mais lhe convinha. A surpreendente escolha de Valadares mudou a história mineira. Enraizam-se na decisão relações políticas e familiares que seriam daí por diante o pano de fundo de diversos episódios nacionais.

"A forma como eles (os acontecimentos) se desenrolaram constitui-se em enorme surpresa. Estava findando em Minas a Primeira República e despontando o novo ciclo", afirma o autor. "Vargas avaliou a oportunidade com perspectiva e jogou com o tempo à espera de que a solução surgisse..." é um dos bons momentos do livro, e encaminha o que vem depois. Com pormenores, reconstituiu o fundo político da opção de Vargas (escolhendo Valadares), sobre o painel das relações familiares no segundo plano da política mineira. Quando faltam evidências em Minas, basta virar do avesso – como se faz com certos tecidos – para perceber o viés familiar por trás dos fatos públicos. Ficam mais explicáveis.

A escolha de Valadares saiu em dezembro quando os participantes estavam com a paciência esgotada (Olegário morrera em setembro), e foi muito mais que opção entre as candidaturas Virgílio de Melo Franco e Gustavo Capanema, patrocinadas por dois padrinhos gaúchos (Osvaldo Aranha e Flores da Cunha). Vargas levou em conta a distribuição de peso político nas relações entre as famílias dominantes em

Minas. Conta o autor que, na opinião de Alkmim, a opção valadarista está integrada na visão estratégica da Era Vargas, que se estendeu até 1945. E conclui: "O tempo lhe daria razão."

Para Murilo Badaró, a engrenagem histórica estava se movimentando. Valadares escolheu Juscelino Kubitschek, jovem médico, para chefiar seu gabinete. Alkmim foi cumprimentá-lo e a emoção do encontro se traduziu na explosão de JK: "Então, José Maria, a nossa geração está chegando ao poder."

"A maioria dos homens de prestígio começou a marcar posição com a grande abertura provocada pelo movimento revolucionário de 1930", diz Badaró, "e a geração emergente daqueles trepidantes acontecimentos iria ter sensível influência no decurso dos anos subsequentes." Em 1930, Juscelino e José Maria eram espectadores, em 1933 fizeram uma ponta e em 1950 chegariam realmente ao poder (um governador e o outro secretário das Finanças).

Em 1933, finalmente, pela mão de Valadares estava chegando ao poder a geração que apostara o futuro na solução política de 1930, mas por via oblíqua. E não conheceria a normalidade política senão entre o parêntese constitucional aberto em 1946 e fechado em 1964. (Não deixou saldo o breve período da via eleitoral posta sob a Constituinte de 1934). A disposição da Aliança Liberal não dependia da via eleitoral posta sob suspeita. A convicção de fraude vinha sendo vocalizada pelos tenentes desde os anos de 1920. A eleição foi uma reverência à legalidade, sob a qual latejava a veia revolucionária.

(Numa entrevista concedida por Osvaldo Aranha, quando passou por Belo Horizonte na campanha, Alkmim, repórter do *Minas Gerais*, o órgão oficial que publicava noticiário político, ficou sabendo que Antônio Carlos lhe havia dito que, em caso de fraude, "Minas chegaria até a revolução". A premissa trazia ao colo a conclusão).

A disposição de converter em movimento armado a derrota nas urnas trouxe embutido um custo político pelo qual a geração de 1930 pagaria a vida toda. A revolução de 1930 incorporou o tenentismo à política e ao poder como prêmio pelo feito armado. Os tenentes estavam a caminho desde 1922 e 1924. Chegaram ungidos pelas armas e logo o que se chamou Revolução Liberal se converteu no seu contrário, por incapacidade de exprimir num programa democrático tudo que indispunha os tenentes contra os governos, as oligarquias regionais, o atraso econômico e social e as eleições *a bico de pena*.

Não foi por acaso, mas por consequência, que poucos dentre os tenentes se tornaram políticos e governantes. Juracy Magalhães e Cordeiro de Farias (Osvaldo) conseguiram assimilar os hábitos políticos e se integrar ao meio civil. Funcionaram nos padrões da época, como interventores no período revolucionário, e, depois de 1945, no regime constitucional, perfilharam as normas democráticas como governantes ou representantes eleitos. Não sucedeu o mesmo a João Alberto Lins de Barros e a Juarez Távora. João Alberto não se refez do insucesso na interventoria de São Paulo, e Juarez foi várias vezes ministro, e, por fim, candidato presidencial desajeitado. Os tenentes trouxeram dos quartéis o nacionalismo econômico, que foi o traço de coerência deles enquanto atuaram.

Eram, porém, incompatíveis a alegação democrática no discurso e as soluções radicais na ação. Logo se veria. Getúlio Vargas personificou a desconfiança residual com eleições, mandato presidencial fixo, Congresso. A revolução paulista pela reconstitucionalização, mesmo derrotada, obrigou-o à reavaliação geral. A falta de programa e certa improvisação convenceram Getúlio Vargas a descartar o tenentismo depois que o governo provisório se esgotou por falta de resultado: sem maior convicção e apenas por necessidade tática, convocou a Constituinte. Veio a Constituição inspirada na simpatia da República de Weimar. Se o original não sobreviveu na Alemanha, muito menos a imitação brasileira aguentaria o tranco. Depois do levante de 1935, guardou lugar para o Estado Novo, que – com a visão antiliberal e nacionalista – oficializou a iniciativa estatal e o paternalismo social.

Vargas assumiu afinal a ditadura que era seu *alter ego*. Na proposta do Estado Novo, os militares vislumbraram o sonho da tutela nacional, por direito histórico adquirido na proclamação da República (o primeiro golpe). Só em 1945, com a volta da Força Expedicionária Brasileira – militarmente simbólica mas politicamente importante – os militares se reconciliaram com a ideia de governos democráticos. Mas não duraria.

A geração mineira que fez vestibular nos acontecimentos de 1930 reencontrou em 1945 os militares que se haviam afastado da política. Fizeram nova aposta na Constituição de 1946, que já na primeira eleição presidencial seria agredida pela tentativa de impedir a posse de Vargas e, na seguinte, iria mais longe. Salvou-a o golpe no golpe militar para garantir a posse de JK, mas ficou a marca da violência. Eles estavam realmente chegando, mas sem pressentir a maldição que os esperava. Os políticos jovens em 1930 não conheceram a paz no exercício do poder. A vida política de Alkmim em boa parte testemunha a dívida contraída com a legalidade em 1930, sobrecarregada por juros que a eternizaram.

Com a mão de biógrafo, Murilo Badaró relaciona algumas parcerias do seu personagem nas quais o destino deixou impressão digital. Alkmim teve como superior no serviço militar no 12º RI em Belo Horizonte o tenente Humberto de Alencar Castelo Branco de quem acabou sendo vice-presidente em 1964.

A mais dramática relação de Alkmim na política foi com Tancredo Neves. Pedro Aleixo despontava no começo dos anos 1930 como grande advogado de júri mas não podia comparecer ao julgamento de um empresário italiano acusado da morte de um empresário português em São João Del Rei e, instruído por ele, Alkmim, seu companheiro de escritório, o substitui. Recém-formados e estreantes, estranharam-se no primeiro encontro: Alkmim como advogado de defesa e Tancredo como promotor público.

A absolvição do acusado valeu a Alkmim, para sempre, a animosidade fria de Tancredo Neves. Hostilizavam-se todas as vezes que seus caminhos se cruzavam na política. O ponto alto desse desencontro pessoal, porém, foi comunicação de Alkmim a Juscelino Kubitschek sobre o seu empenho pessoal na derrota de Tancredo, apontado como favorito pelas pesquisas até a véspera da eleição a governador de Minas em 1960. Tancredo não se elegeu. O relato de Badaró é contribuição histórica.

Já a parceria com JK permeia todo livro. Vai do conhecimento em Diamantina, ainda adolescentes, passa pelo primeiro emprego nos Correios, os dois juntos em 1930 e logo depois sob o guarda-chuva do valadarismo, até que a própria política, que os irmanava, separou-os. As decepções de Alkmim com JK se acumularam até optar pela solidão, depois que o presidente recolheu o velho sofisma ("assuntos mineiros se decidem em Minas") e devolveu a definição do PSD ao Palácio da Liberdade.

É no entanto na parceria com Pedro Aleixo que o custo político pago pela geração de 1930 adquire valor de desencontro. A política os aproximou e os afastou, independente da vontade pessoal de cada um: juntos em 1930, perto um do outro quase sempre, em campos opostos em 1945 e novamente juntos depois de 1964. Ninguém mais udenista que Pedro Aleixo, ninguém tão pessedista quanto Alkmim. Reaproximaram-se quando o tornado Jânio Quadros tumultuou o Planalto Central. Eram líderes do governo e da oposição na Câmara, com pouco a fazer porque Jânio operava em outra frequência política. Aos sinais de anormalidade à vista, a antiga amizade os reaproximou na solidão de Brasília. Trocavam informações e apreensões.

Com a renúncia e o mais que se seguiu não tinham muito a fazer. Os fatos ultrapassavam. Começava a política feita por meios a que não eram afeiçoados. Enfim, a solução armada (sempre ela) em 1964. As circunstâncias fizeram deles, ironicamente, os vices civis dos dois primeiros presidentes militares. Alkmim, de Castelo. Pedro Aleixo, de Costa e Silva. Enganaram-se pela última vez.

Quando Costa e Silva foi declarado sem condições para exercer o governo, os ministros militares chamaram Pedro Aleixo ao Rio. Em Belo Horizonte, Alkmim ficou sabendo e ligou para Pedro Aleixo, em Brasília. Aconselhou-o a ir para Belo Horizonte e a assumir – no Palácio da Liberdade – a presidência declarada vaga pelos ministros militares. Diagnóstico perfeito de Alkmim: estava sendo chamado ao Rio para receber o veto. Para entregar-lhe a presidência, teriam ido a Brasília.

Pedro Aleixo, o mais udenista dos udenistas, pensou e decidiu como pessedista. Rumou direto para o Rio e foi imediatamente descarrilhado da linha de sucessão. Civis nada mais tinham a fazer. Trocaram os papéis no último ato na vida pública: Alkmim pensou como udenista, e Pedro Aleixo agiu como pessedista.

Estava encerrada a temporada.

Orlando Magalhães Carvalho
(1910-1998)

Nasceu em Pouso Alegre, Minas Gerais. Professor, jurista, jornalista e escritor.

Formou-se em Direito em 1931, na Universidade de Minas Gerais, futura UFMG. Na mesma faculdade localizada na Praça Afonso Arinos foi professor de Teoria Geral do Estado por cerca de 40 anos. Foi também professor catedrático de *Língua e Literatura Francesa* na Faculdade de Filosofia de Minas Gerais (posteriormente anexada à UFMG sob o nome de FAFICH), influenciando gerações de alunos, futuros escritores e jornalistas.

Pioneiro na Sociologia Eleitoral brasileira e nos estudos sobre partidos políticos criou e dirigiu a *Revista Brasileira de Estudos Políticos* (RBEP) e a coleção de *Estudos Sociais e Políticos*. Foi presidente da Associação Brasileira de Sociologia e da Associação Brasileira de Ciência Política. Participou também da direção da CAPES, e do Conseil International des Sciences Sociales da UNESCO, em Paris. Reitor da UFMG (1961-1964), foi responsável pela criação do campus da Pampulha.

Foi redator do *Minas Gerais*, diretor do *Correio do Dia* e colaborador dos *Diários Associados*. Colaborou também com o *Correio da Manhã*, do Rio de Janeiro.

Orlando Carvalho publicou inúmeros artigos em revistas acadêmicas e livros, entre os quais: *Problemas da Política Econômica* (1934), *O município mineiro em face das constituições* (1937), *Problemas fundamentais do município* (Coleção Brasiliana, 1937), *O Rio da Unidade Nacional*: o São Francisco (Coleção Brasiliana 1937), *A crise dos partidos nacionais* (1950), *Ensaios de Sociologia eleitoral* (1958) e *A atualidade do pensamento político de Milton Campos* (1979).

UM HOMEM CHAMADO ORLANDO CARVALHO

O século XX terminou sem resolver a questão proposta em 1904 pelo jornalista e escritor Paulo Barreto, mais conhecido pelo pseudônimo de João do Rio (que se deu bem tanto nas letras quanto no jornalismo), a jornalistas e escritores de prestígio nacional. Tratava-se de resolver um problema de mão dupla e concluir, de uma vez por todas, se escrever para jornal prejudicava a qualidade do escritor ou se a atividade literária emperrava o jornalista. Era, evidentemente, outro Brasil, com capacidade ociosa. O projeto envolveu uma centena de nomes de destaque nacional nas letras e no jornalismo e dele se ocupou João do Rio, repórter da *Gazeta de Notícias*, de 1904 a 1906.[1]

Em *Pena de Aluguel* (2005), Cristiane Costa, também jornalista e escritora, 100 anos depois tirou do esquecimen-

1 Este texto foi escrito em 2006 e publicado na *Revista Brasileira de Estudos Políticos*, UFMG. HOMENAGEM a Orlando Magalhães Carvalho. Belo Horizonte: Revista Brasileira de Estudos Políticos, [2010]. (Estudos sociais e políticos; 39)

to o episódio e os personagens que não chegaram a uma conclusão definitiva (nem provisória) sobre se há realmente incompatibilidade entre o jornalismo e a literatura.

Apenas 39 responderam às cinco perguntas (11 entrevistas e 25 cartas) com o foco na questão de saber se a literatura e o jornalismo são compatíveis numa única pessoa. Luiz Edmundo considerou o jornalismo e a política "duas instituições fatídicas para o homem de letras". Para o poeta Guimarães Passos, "o jornalismo é um balcão". Clóvis Beviláqua entendia que "o jornalismo esgota os nervos, dispersa os esforços e alimenta a superficialidade". O padre (mineiro) Severiano de Resende não fez abatimento: "o jornal é inevitável, precisamos sofrê-lo". E Medeiros e Albuquerque considerou o jornalismo "exercício braçal", aconselhável para curar indolência intelectual.

Quem resolveu o problema, antes da metade do século, foi o jovem mineiro, desde logo jornalista e escritor, Orlando Carvalho que em 1936, aos 26 anos de idade, já formado em Direito percorreu o rio São Francisco em missão de reportagem para o *Estado de Minas* sobre o passado, o presente e o futuro do Rio da Unidade Nacional[2]. Na mosca. O escritor se apresentou já nos primeiros parágrafos. Chegou pronto ao mundo das letras. A vida toda, Orlando Carvalho exerceu o jornalismo, escreveu e publicou livros, orientou cursos e instituições, foi Reitor da UFMG. Era o começo do Brasil atual. Até morrer, desempenhou atividade editorial. Criou e dirigiu a *Revista brasileira de Estudos Políticos* (RBEP) da Faculdade de Direito.

---

2 No ano seguinte, a pesquisa foi transformada no livro *O Rio da Unidade Nacional*: o São Francisco. (Coleção Brasiliana, Companhia Editora Nacional, 1937)

O jornalista e o escritor se revezariam em Orlando Carvalho, que foi também professor de Teoria Geral do Estado na Faculdade de Direito e de Literatura Francesa na Faculdade de Filosofia também da UFMG, atuou em congressos de escritores, incentivou alunos a ampliar conhecimento, apadrinhou a ciência política e praticou convicções políticas. Construiu uma biografia que a modéstia não conseguiu ocultar e deixou, aos que com ele conviveram, lição de coerência entre ideias e vida. Um aluno do interior que estudava em Belo Horizonte quis ficar noivo e lhe pediu para suprir a ausência paterna no pedido formal ao pai da namorada. O professor aceitou a missão e deu conta de tudo com jovial simpatia. Era assim seu relacionamento com alunos.

Mesmo na crise dos valores universais nos anos de 1930, Orlando Carvalho não resvalou da formação liberal para o que o jornalista Edgar Godói Mata Machado batizou de "tentação da direita". Pela fé no potencial renovador da dinâmica democrática, de acordo com as necessidades históricas, a esquerda também não o seduziria nos anos de 1940.

Ainda está em tempo de ser trazido do esquecimento o pequeno grupo de liberais mineiros que sustentaram, em plena "guerra fria", a revisão liberal em favor da responsabilidade social do Estado. Falta ser devidamente avaliada a contribuição progressista, por parte daqueles liberais mineiros, na segunda metade do século XX na vida brasileira, ao se oferecer a perspectiva de desenvolvimento econômico.

Orlando Carvalho foi um deles.

O múltiplo Orlando era discreto e se dava bem com a modéstia. Não demorou a despontar no jornalismo com assinatura, mas não ficou por aí. Com a ida de Carlos Drummond para o Rio e depois de se formar pela Faculdade de Direito da Praça Afonso Arinos, assumiu a crônica diária Bar do Ponto, no *Diário da Tarde*, com o mesmo pseudônimo de Gato Felix, repassado em seguida a Moacyr Andrade. Orlando tinha antecedentes no jornalismo: desde o tempo de estudante, como redator do *Minas Gerais*, se iniciou também na intimidade da arte gráfica e adquiriu experiência no que, na era eletrônica, ainda se chama de "cozinha do jornal". Foi um dos fundadores da Associação dos Amigos do Livro em cuja editora publicou seus primeiros trabalhos. Mais tarde, depois de passar pela vida pública como diretor do Departamento de Administração Municipal, pelo Departamento de Administração Geral no governo Milton Campos.

O perfil intelectual acentuadamente oposicionista assentava em Orlando Carvalho, radical pela convicção e moderado pelo conhecimento. Também não foi por acaso que, bem antes dos quarenta anos, identificou-se com a articulação prévia dos moços liberais, na prolongada privação da liberdade política sob o Estado Novo. Com o fim da guerra, a atividade clandestina se incorporou à União Democrática Nacional e tendências oposicionistas afins. Nos anos de 1950, assumiu a direção da sucursal do *Correio da Manhã*, que continuava a ser jornal predominantemente político, historicamente liberal, jornal de opinião, desassombrado e intransigente por índole e tradição. Dizia-se que nunca, até então, candidato apoiado pelo *Correio* havia vencido eleição presidencial. A exceção veio a ser JK. Na sua inesperada saída da sucursal mineira, circulou a suspeita de motivação política local mas, na sequência, dissipou-se o efeito com o lançamento do *Correio do Dia*. E Orlando retemperou-se com o desafio de dirigir o jornal oposicionista que mais uma vez fazia grande falta à vida política em Minas. A tradição do jornalismo oposicionista em Minas, depois de 1930, era irregular e de vida curta. Uns dez anos antes, a *Folha de Minas,* lançada por Virgílio de Melo Franco e dirigida por um Afonso Arinos ainda moço, nasceu para vocalizar o sentimento oposicionista. Com dois anos de vida, entrou em parafuso financeiro e foi parar nas mãos do governo. O *Correio do Dia* foi mais feliz: deixou de existir sem dar esse gosto aos adversários.

O político Orlando Carvalho foi, sem sombra de dúvida, a interface do jornalista e do escritor, com uma bibliografia e uma atividade editorial costuradas pela coerência de ideias e pela conduta pessoal. A manifestação do sentido político no escritor, em momento decisivo da vida brasileira, se confirmou em janeiro de 1945, quando a Segunda Guerra passou à última fase. São Paulo ia sediar o 1º Congresso de Escritores, Minas preparava uma delegação à altura do seu prestígio nacional. Orlando Carvalho participou da negociação para compor uma delegação à altura da qualidade intelectual mineira. Pairava no ar fino de Belo Horizonte um desenho de crise. Havia mais incerteza quanto ao que o fim da guerra reservaria ao Brasil, do que em relação ao conflito, com as tropas aliadas, no começo do novo ano, convergindo, a leste e a oeste, sobre o coração da Alemanha. No entanto, a expectativa nacional apresentava-se vazia de referências. A ditadura brasileira não dava sinais de preparar-se para a situação que lhe cobraria decisões de emergência e duras concessões.

A preparação da delegação mineira criou a tensão constrangedora. Os nomes escolhidos, escritores conhecidos fora dos limites de Minas, receavam envolvimento em situações políticas imprevisíveis. O momento internacional era confiável, mas a previsão nacional estava coberta de nuvens. Os nomes de consenso para representar Minas, de uma forma ou de outra, ocupavam cargos e funções públicas e, embora de carreira, pressupunham confiança oficial. Com a discreta debandada, a delegação não se completou.

O presidente da seção mineira da ABDE, o escritor Murilo Rubião, era politicamente talhado para a circunstância. Temperou com discrição o esvaziamento de nomes conhecidos e contou com a ponderação dos liberais oposicionistas e da parcela de esquerda para completar as vagas na representação mineira com jornalistas mineiros (de Belo Horizonte e do Rio). E preencheu os claros com futuros escritores e jornalistas, de pouca idade mas com disponibilidade de tempo e, principalmente, sem emprego público.

O Congresso da ABDE (Associação Brasileira de Escritores) em São Paulo (1945) veio a ser o primeiro marco da abertura do regime, menos de um mês depois, com a surpreendente publicação da entrevista de José Américo de Almeida a Carlos Lacerda no *Correio da Manhã*. À tarde daquele dia, os vespertinos do Rio e de São Paulo completaram a demolição da ditadura. O jornalismo foi rápido nos seus efeitos (não havia televisão). Detonada a censura aos jornais e emissoras de rádio, adiantou-se a *Hora do Brasil* pelo relógio da História. Surgiram as variadas formas de oposição graças ao fim da guerra já à vista. Da noite para o dia, saiu dos bastidores a União Democrática Nacional, seguida de outras correntes políticas, com destaque para o Partido Comunista que também vinha participando ativamente da preparação da abertura. Pela primeira vez, os comunistas emergiram da clandestinidade com disposição diferente do seu currículo histórico. Os liberais – Orlando entre eles – voltavam à atividade legal.

Mais uma vez, no entanto, dois anos depois, no mesmo processo histórico, o apurado bom senso de Orlando

Carvalho confirmaria os predicados pessoais que forravam o jornalista, o escritor, o cientista político e o professor. Orlando Carvalho estava então na presidência da seção mineira da ABDE. A relativa unidade política de liberais, esquerdistas e conservadores, já estava abalada em 1947, quando das comemorações do cinquentenário de Belo Horizonte, cujo programa incluiu o 2º Congresso de Escritores. Na presidência da seção mineira da ABDE, Orlando preparou o Congresso que fechou o ciclo em que os liberais e a esquerda operaram juntos sem abdicar das diferenças de pensamento e ação. Um novo divisor de águas cuja fonte era a guerra fria trincou a participação dos intelectuais no Congresso de Escritores, onde tudo parecia programado por uma força superior aos homens e se perdeu por motivos sem razão para sobreviver.

Ainda é tempo de ser levantada, para constar da aplicada vida pública e da alentada biografia de Orlando Carvalho, a atuação política que não se aplicou apenas aos lugares da administração pública por onde passou. O comando da Redação do *Correio do Dia*, na avaliação de um jovem a quem ele delegou a precoce responsabilidade política e editorial, é outro traço pouco lembrado da sua personalidade. Ele acreditava, e não errava na avaliação, em moços dotados do sentido da ação. O diretor Orlando Carvalho teve como editor político no *Correio do Dia* um jovem destinado à vida pública por fatalidade: na casa dos vinte anos, José Aparecido de Oliveira reunia a coragem juvenil de correr riscos e indomável inclinação oposicionista, sem abdicar da lealdade com os semelhantes, ainda que adversários políticos. Os dois – Orlando e Aparecido – souberam dividir a responsabilidade de editar um jornal quando não havia solo firme nem mercado publicitário capaz de bancar os custos do jornalismo de opinião. A liturgia da liberdade de opinião na vida do jornal diário pede um sacerdócio que Orlando, na opinião de José Aparecido, desempenhava com alto equilíbrio entre a responsabilidade política e o respeito profissional aos redatores e repórteres.

O disciplinado e disciplinador Orlando Carvalho concedia total liberdade aos repórteres e redatores, mas discutia com cada um quando estava em jogo o interesse do partido que era a razão de ser do jornal. O problema do *Correio* não era ser jornal criado para combater no nascedouro a candidatura presidencial de JK. A falta de recursos e a contramão da História condenavam a empreitada política ao insucesso. E, como diz José Aparecido, o fiel escudeiro, o *Correio do Dia* nasceu em momento errado e acabou atropelado pelos fatos. No fim, porém, abrigaram-se todos – vencedores e vencidos – à sombra da História.

Marco Antônio Tavares Coelho

(1926-2015)

Nascido na classe média de Belo Horizonte, formou-se pela Faculdade de Direito.

Desde muito jovem militou no PCB.

Jornalista, escritor, militante e liderança histórica da esquerda brasileira, sobretudo, entre as décadas de 1940 a 1960.

Foi deputado federal pelo estado da Guanabara em 1962. Cassado, preso e torturado pelo governo militar.

Além de vários jornais editou a Revista *Estudos Avançados* da USP.

Publicou quatro livros: *Herança de um sonho:* as memórias de um comunista (2000), *Rio das Velhas:* memória e desafios (2002), *Os descaminhos do São Francisco* (2005) e *Rio Doce:* a espantosa evolução de um vale (2012).

MEMÓRIA E CIRCUNSTÂNCIA

O livro

Nascido na classe média de Belo Horizonte, então na casa dos trinta anos, Marco Antônio Tavares Coelho assim se apresenta na abertura de suas *memórias*: "minha infância foi mais ou menos tranquila", e "só aos poucos fui me apercebendo de dados e fatos que me tornaram um rebelde". [1]

O auto-retrato se amplia na moldura familiar. Todos os tios "venceram na vida" e o pai foi o único remediado (advogado e funcionário público) dentre os irmãos engenheiros, médicos e advogados da primeira geração dos Salles Coelho. A diferença pesou. Do lado paterno as raízes rurais dos Coelho (proprietários de terras no Vale do Rio Doce) e, do lado materno, os Tavares com a referência política do avô Necésio, médico e político, fundador do monolítico PRM (Partido Republicano Mineiro), senador e deputado federal, no fim da monarquia e no começo da República.

---

1 Prefácio de *Herança de um sonho*: as memórias de um comunista. Rio de Janeiro/São Paulo: Editora Record, 2000.

O avô paterno estudou Direito em São Paulo e foi nomeado juiz no Serro, de onde saiu para ser juiz federal em Belo Horizonte com o prestígio de haver apenas um no estado, Ephigênio de Salles (irmão do jornalista, escritor e deputado federal por Minas, Joaquim de Salles), tio-avô de Marco Antônio, tomou parte na expedição de Plácido de Castro (para anexar o Acre), foi governador do Amazonas, deputado federal, senador e jornalista de combate.

No Colégio Marconi, cuja fundação – por iniciativa do cônsul da Itália em Belo Horizonte – acendeu o ufanismo fascista na colônia descendente de imigrantes vindos para a construção da nova capital no fim do século XIX, um incidente juvenil iniciou Marco Antônio na rebeldia: num artigo sobre a *Rerum novarum* de Leão XIII, no jornalzinho dos alunos, fez uma citação de Karl Marx. A edição foi queimada por ordem do diretor e lhe valeu uma repreensão autoritária.

O passo seguinte foi o primeiro lugar no concurso de oratória da Faculdade de Direito, quando os estudantes começaram a se interessar pelo que se passava no mundo e chegava ao Brasil pelos meios possíveis. A Segunda Guerra envolvia cada vez mais o Brasil e começava a sedimentar-se a consciência democrática estimulada pela controvérsia relativa ao conflito mundial. A censura à imprensa abafava debates de ideias com a propaganda do Estado Novo (e a promoção do ditador). Jornais e rádios, porém, enfatizavam diariamente os feitos bélicos para preencher o vácuo político nacional.

O discurso de Marco Antônio no lotado salão nobre da Faculdade de Direito, perante os professores da comissão julgadora, entristeceu o pai mas chamou a atenção do caçador de vocações rebeldes Darcy Ribeiro. No dia seguinte Darcy convidou-o a entrar para o PCB pela porta fictícia do Socorro

Vermelho (saiu expulso 32 anos depois, sem ter a oportunidade de defender-se, quando cumpria pena na prisão).

Juntos ou em divergência, Marco Antônio e Darcy compartilharam, na ação universitária e pela vida afora, bons e maus tempos políticos. Na fase estudantil, avistaram-se com figuras de destaque nacional (chamados jocosamente de *liberalões*) que preparavam o lançamento do "Manifesto dos Mineiros", de grande repercussão política na luta contra o Estado Novo e que três anos depois fundavam a União Democrática Nacional. Recrutavam estudantes com disposição política para tarefas de risco (distribuir panfletos numa ditadura de verdade).

Num encontro preparatório de congresso estudantil, receberam um envelope recheado de notas a título de ajuda financeira. Ficaram atônitos e perplexos. Passada a surpresa, Darcy deu a solução: entregar a importância ao PCB, que lutava com dificuldades para se reorganizar. E assim foi feito. Adensava-se a divergência política que os dois tentavam diluir para retardar a incompatibilidade previsível: os comunistas se rearticulavam (depois da devastação policial a partir de 1935 e consolidada no Estado Novo), mas faziam avaliações políticas com peso diferente. Não podiam prejudicar a ação conjunta com os liberais e o convívio com a classe média num debate sem proveito. Enquanto os liberais tinham como premissa a derrubada do Estado Novo, os comunistas davam importância maior à contradição que desde a declaração de guerra do Brasil à Alemanha e à Itália se ampliava dentro do governo Vargas.

Para os comunistas, o caminho correto era empurrar, com a mobilização popular, o governo para a participação militar do Brasil na guerra. Era mais produtivo do que abalar com retórica, sem conseguir derrubá-la, a ditadura que fazia o contrário do que gostaria de fazer.

A divergência distanciou, na prática, comunistas e liberais assim que o Estado Novo começou a cair ("indícios de iminentes transformações [...] foram se acumulando nas primeiras semanas de 1945" e logo viraram uma "torrente irresistível", a partir da entrevista de José Américo a Carlos Lacerda no *Correio da Manhã* até a anistia em abril). Na Europa, a Alemanha era invadida de todos os lados em janeiro de 1945. O desentendimento entre comunistas e liberais se acelerou. O PCB continuou a apostar nas concessões de Getúlio Vargas e os liberais não desistiam de tirar o ditador. A diferença ficou incontornável e as relações tornaram-se inamistosas. Mas já estava aberto o processo de eleição presidencial direta.

Com o Congresso desativado desde 1937, Vargas se pôs em campo e, antes que a oposição liberal e a mobilização popular de esquerda produzissem grandes espetáculos, adiantou a anistia. E os liberais passaram a desconfiar de entendimento secreto entre o PCB e o ditador.

Enquanto os liberais insistiam na deposição do ditador, o PCB ampliava sua presença política com a "linha justa". À sombra do controle sindical, o PTB nascia do ventre da ditadura com a palavra de ordem original: "Constituinte com Getúlio". No fim, reuniram-se os desconfiados candidatos sem Getúlio. E um mês depois, a eleição presidencial incompatibilizaria por muitos e muitos anos comunistas e liberais: a derrota do candidato da UDN foi debitada ao PCB. O ressentimento ficou.

Nas difíceis relações entre comunistas e liberais, que vinham de antes e continuariam precárias, foi desgastante a afirmação de Luís Carlos Prestes, secretário geral do PCB, considerando politicamente iguais em 1945 as candidaturas presidenciais de Eduardo Gomes e do general Dutra ("A solução correta, creio ainda hoje, embora conduzida de maneira equivocada"). No fim, o candidato próprio. Um desastre.

O livro de Marco Antônio é costurado, desde a política estudantil, pela convicção de que a *linha justa*, assim denominada pelo partido, perdeu o fio da meada a partir da reação insensata em 1947: por três votos a dois, o TSE cancelou o registro mas os comunistas não deram importância ao fato. ("E de certa forma fizemos exatamente aquilo desejado pela direita", aceitando a volta à clandestinidade). O PCB não quis recorrer ao STF, "talvez o primeiro grave erro político (...) a que depois se seguiriam outros, como a radicalização da nossa conduta política". Por último, o Manifesto de Agosto de 1950 custou a marginalização política, pois os comunistas deram as costas ao processo eleitoral por dez anos.

Em 1956 o Relatório Kruschev, no XX Congresso do PCUS, abalou os fundamentos da ação comunista internacional e fez um estrago no PCB, precipitando o descontentamento represado. Só então começou a dissipar-se a alucinação de chegar ao poder pelo caminho mais difícil das armas. Cegos para a realidade nacional, não conseguiram ver em 1950 o que hoje parece óbvio, e estava implícito na candidatura de Vargas: o nacionalismo era o dado novo na vida brasileira e seria ênfase política e o saldo histórico até o fim do século. O PCB receitou o voto em branco.

Os comunistas só voltariam a ter presença política na crise da posse de JK-João Goulart. O nacionalismo econômico se tornou o denominador comum na política brasileira, acima dos partidos. Sob JK os comunistas voltaram a se beneficiar de uma legalidade consentida. Estavam reconciliados com o bom-senso. Veio e se foi Jânio Quadros, deixando a crise que o parlamentarismo não resolveu porque a esquerda – do PTB ao PCB, juntando todas as tendências – não avaliou o alcance que poderia ter. Ofuscada pelas vantagens aparentes do presidencialismo, a esquerda apostou equivocadamente na volta ao presidencialismo ("Julgamos que poderíamos conquistar o céu de assalto.") Deslumbrada por oportunismo, perde de vista a legalidade e embarcou no golpismo que se apossou do governo Goulart. ("Não penso que minha conduta – como deputado – e a do PCB tenham sido corretas em face dos episódios no ocaso do governo Goulart. Deixamo-nos levar [...] mais ao sabor dos fatos conjunturais e contraditórios"). Em pouco mais de um ano a opinião pública fora ganha pelos golpistas. "O sonho se transformou em pesadelo."

Depois do comício de 13 de março, a direção do PCB "estava eufórica". Marco Antônio registra "choques sociais sucessivos, em ondas", inquietação dos empresários, fortalecimento da Frente Popular e modificação no pensamento militar. Mas a esquerda não percebia. Com o governo Goulart virtualmente deposto, Darcy chamou ao Palácio do Planalto, entre outros, o deputado Marco Antônio e distribuiu atribuições de guerra no dia 31 de março: prender o senador Auro de Moura Andrade, o ministro Ribeiro da Costa (STF), o senador Milton Campos, o deputado Bilac Pinto. Marco Antônio reagiu a Darcy e sentenciou: "vocês vão se arrepender amargamente". Não havia mais nada a fazer.

Com a derrota da esquerda em 1964, o PCB se refugiou na sua primeira natureza – a moderação na adversidade – e viu desgarrar para a órbita radical a juventude impaciente com a retórica do conformismo sem prazo. Para os jovens o pensamento de esquerda, elaborado pelo PCB, perdeu a razão de ser. O PCB desfalcou-se de dirigentes e voltou a procurar o fio da meada histórica em que se especializou.

O autor

"No dia 18 de janeiro de 1975 fui preso por agentes do DOI-CODI do Rio de Janeiro. Começou ali uma fase de sofrimentos que somente terminaram quatro anos depois (...) com o livramento condicional", conta Marco Antônio. "Pouca coisa acrescentarei, mas como sobrevivi quero testemunhar".

Transcorridos 25 anos, situou suas memórias na sequência de crises e bonanças, avanços e recuos. Exerceu o mandato de deputado federal pela antiga Guanabara e foi eleito pelos cronistas políticos o melhor parlamentar de 1963. A reconstituição dos anos de prisão se faz com as cartas que, valendo-se de "pombos-correios", conseguiu fazer chegar às mãos de sua mulher. Quem as guardou, porém, foi o jornalista, escritor e amigo Benito Barreto, tão bem que não mais se lembrou onde as escondera. Ficaram perdidas por vinte anos 125 páginas datadas de junho, julho e agosto de 1975, e mais oito de 1977. "Lembranças vão se esmaecendo, e se tornam História para os novos."

O sucesso oposicionista na eleição presidencial de 1974 havia eriçado os brios autoritários e as contradições militares se aguçaram. A liquidação do PCB passou a ser prioridade militar.

Esse livro faz parte de um conjunto de depoimentos com valiosa contribuição política de civis e militares. Documenta erros (muitos) e acertos políticos (nem tantos) das esquerdas em geral e dos comunistas em particular, desde que o partido conseguiu se refazer da repressão policial a partir de 1935 e complementada com mão pesada pelo Tribunal de Segurança Nacional, de que se valeu o Estado Novo, até que as condições internacionais ofereceram em 1945 no Brasil a oportunidade de recomeçar do zero a via democrática.

O PCB foi o centro de gravidade da esquerda enquanto elaborou a linha tática (para uso nacional) derivada da estratégia internacional: o empenho em evitar a consumação da vitória nazista sobre o regime soviético valeu então como a matriz do raciocínio. A comprovação do acerto da prioridade atribuída à pressão popular, liderada pela classe média, sobre o lado do governo que cedia em favor da democracia, por politicamente correta se tornou histórica. Ninguém contesta mais.

A formação política do meio para o fim da Segunda Guerra Mundial facilitou a Marco Antônio as reflexões que ajudam a compreender a específica contribuição dos comunistas brasileiros, com estímulo à análise objetiva (tanto quanto possível) de fatos. Apenas nos fatos e nas suas consequências.

Há muito a ser recolhido de ex-dirigentes comunistas e ativistas de esquerda para uma nova compreensão do Brasil na segunda metade do século XX. A autocrítica que o PCB não fez no devido tempo (quando teria sido?) está dispersa nas confissões de antigos dirigentes que ficaram pelo caminho. Quantos serão esses livros que mostram revolucionários num país que não se decide nem faz a opção histórica entre o passado e o futuro? O custo é pago no presente que nunca satisfaz. O brasileiro vive politicamente do passado no qual recolhe respostas insuficientes para decifrar o país que já podia ser mas não é.

Esse livro vale por si, mas ganha mais peso num balanço de tudo que falta para ser História do Brasil. Falta o Brasil decidir-se.

José Maria Rabêlo

(1928)

Nascido em Campos Gerais, mudou-se para Belo Horizonte ainda jovem. Casado com Thereza Rabêlo, teve 7 filhos

Escritor, poeta, referência histórica do jornalismo independente e de esquerda no Brasil.

Com Euro Arantes, fundou o antológico e irreverente jornal *Binômio:* sombra e água fresca em 1952 para fazer oposição ao governo de JK então governador de Minas. O jornal durou 12 anos e contou com colaboradores como Ziraldo, Adauto Novais, Roberto Drummond, Fernando Gabeira, Geraldo Mayrink, Wander Pirolli e Guy de Almeida.

Dono de uma biografia cinematográfica à espera de um roteiro, como já chamou atenção o jornalista Humberto Werneck, José Maria escapou de três golpes de Estado (Brasil, Bolívia e Chile) e viveu 16 anos exilado, por último em Paris.

Autor de livros como *Binômio:* o jornal que virou Minas de cabeça para baixo (1997), *Diáspora*: os longos caminhos do exílio (2001), em co-autoria com a esposa Thereza Rabêlo, *Residência provisória*: os sentimentos do exílio (2004), *Belo Horizonte*: Do Arraial à Metrópole – 300 Anos de História (2013), entre outros.

OFÍCIO DO EXÍLIO

Onde quer que se encontrassem, os exilados de 1964 – sempre que o futuro se apresentava sem suficiente clareza – rendiam-se à conclusão de que poderiam nunca mais voltar ao Brasil, conta José Maria Rabêlo na apresentação de seu livro *Residência Provisória:* os sentimentos do exílio (2004). Logo depois, já em versos, canta a incerteza quanto à própria duração do exílio: [1]

> "Dela se terá ideia
> mas depois de ser cumprida.
> Duração que pode ir
> de um só dia a toda a vida".

O pesadelo não tinha fim. Na Bolívia, por onde começou a jornada de quase 16 anos de José Maria com a mulher e os sete filhos, em seguida no Chile e na França, sempre por força das mesmas circunstâncias políticas, as notícias

---

1 Publicado originalmente na *Revista da Academia Mineira de Letras*, Ano 84, Volume XL, abril, maio e junho, 2006.

chegavam "cada vez piores", para aqueles que continuavam pagando para ver o que lhes parecera apenas questão de tempo. Estava por vir mais e pior. Era precária qualquer previsão sobre o retorno dos militares aos quartéis, no Brasil. Os exilados perderam a conta do tempo que, no começo, se afigurava passageiro por suposta falta de aval da História à página virada.

As notícias chegadas ao exterior não autorizavam expectativa previsível de normalidade política. Passaram anos até que os exilados percebessem que não podiam contar nem com o que se considera "quanto pior, melhor". Desenhava-se o oposto: quanto melhor se tornava a economia brasileira, pior politicamente para os exilados. Quanto melhor, pior mesmo. A enevoada visão do retorno embotava o raciocínio político. Os exilados eram marginalizados no convívio de patrícios porque a maioria evitava se comprometer com os politicamente excluídos. À medida que o governo militar se firmava, crescia a distância entre exilados e os que ficaram no Brasil.

Não se fizeram esperar as dificuldades de integração na cultura e na convivência com povos de língua, história e costumes diferentes, apesar do subdesenvolvimento compartilhado como denominador comum da América Latina.

Conta José Maria que, primeiro na Bolívia, e, em seguida no Chile, a necessidade diária facilitou a adaptação ao espanhol, mas criou dependência para os filhos que transitavam da infância para a adolescência. Falava-se a língua brasileira em família. Era pouco. Movido pela necessidade de trabalhar como jornalista, valendo-se do idioma que não era o seu, José Maria não seria exceção. Os últimos sete anos na França agravaram a sensação de desenraizamento cultural e de condenação a não falar tão cedo o português de cada dia.

Ainda no Chile, José Maria sentiu que a língua começava a lhe faltar. Os hiatos se multiplicavam. As palavras brasileiras estavam saindo do controle. A situação agravou-se com a desestruturação sintática em consequência dos exercícios de pensar e expressar-se em outro idioma.

A obrigação diária de falar e escrever em espanhol e, depois, em francês, inaugurou a necessidade de solfejar baixinho em português, uma espécie de jogo de palavras. Versos do cancioneiro dos primórdios da língua. Firmou-se o hábito. Até que, por força de reminiscências incontroláveis, passou a retirar da memória e a sussurrar em voz baixa versos como quem fala sozinho. Graças aos recursos formais que canalizavam os sentimentos expressos em versos, José Maria fez um pacto secreto com as musas para abastecê-lo da poesia que vive fora dos livros e tudo que guardava na memória sem se dar conta.

Essa função de raiz atribuída aos versos, para processar a seiva etimológica das palavras, é assunto para linguistas. Excede a função do prefácio que se reserva ao autor e à obra reunidos pelas circunstâncias. No caso, a incógnita ficou com o autor, homem de ação desde a mocidade, operador de palavras por profissão. No Brasil, José Maria pisara em terra convulsionada onde o jornalismo de combate era desafio diário, mas sob a guarda da Constituição de 1946. Não se sentiu à vontade de mãos atadas para a ação política e no novo papel de poeta no exílio. Um vago sentimento de culpa e ociosidade por chegar tarde ao ofício literário.

O impulso lúdico pedia mais do que o exercício inconsequente com palavras. Assim, José Maria, "sempre que podia", passou a escrever versos para manter a relação filial com a língua materna. Sentiu necessidade de se aplicar com método e, ao lado do alcance político e jornalístico da escrita em prosa, desenvolveu o novo hábito e reservou à poesia lugar cativo como prática para "manter-se em dia com a língua". Escrevia e guardava. Melhor, escondia.

Na tensa e acidentada ida para a França, depois do golpe militar contra Salvador Allende, protegeu e aumentou o acervo de versos que captavam e perpetuavam momentos chilenos de conteúdo político. Nos sete anos vividos em Paris, destilou em segredo poesia inseparável do homem de ação atento à realidade. Um dia aconteceu: o Brasil começou a voltar ao normal e as expectativas dos exilados logo se adiantaram. A volta ao país foi narrada em prosa por ele e sua companheira Thereza no livro *Diáspora*: os longos caminhos do exílio (2001).

Residência Provisória é a segunda parte desse relato, tão pungente quanto a primeira. O tom geral é de denúncia sustentada em firmes estruturas e leves composições. José Maria: "Quase todos os poemas traduzem um compromisso de participação e militância, de que jamais abri mão". Não é bazófia, mas profissão de fé. É só conferir em "A ti, comandante", "Numa terça-feira pela manhã", "Ode a um jovem comunista preso", "Descargas" "As palavras e os passarinhos", "Sob a noite da ocupação". E definitivamente antológico o poema sobre sua cidade natal Campos Gerais. Diz numa de suas longas 17 estrofes, em forma de apresentação:

> "Por mania de grandeza,
> que é difícil de entender,
> erguemos uma igreja imensa,
> onde a população inteira,
> se quisesse, um dia,
> poderia cultuar seus mortos
> todos juntos,
> em missa de corpo presente".

Ou agora, falando de La Paz, na Bolívia:

> "Sopra do Ullimani um vento gélido
> que entra pelo corpo.
> Para onde sopra esse vento
> nem Deus sabe,
> pois esse vento não tem fim".

O teor narrativo se impõe também em "Pelas ruas de Paris", "Oblíquo mar" ou "Estranhos no ninho". Cabe um registro à parte para os poemas de amor, no nível do que de melhor se faz entre nós. Citarei apenas "Pós-escrito", pela sua soberba realização:

> "A mim ou a outro
> o importante é que tu ames
> como sempre nos amamos,
> pois se amares dessa forma
> (a mim ou a outro)
> nosso amor renascerá,
> tantas vezes tu amares".

Ou, pelo seu requinte formal, os poemas "A noite insubsmissa", "Auto-retrato" e "Amar-te quero".

É certa a repercussão tempestuosa para o cancioneiro que embala um messiânico personagem da política sertaneja, fácil de identificar mesmo sem citar-lhe o nome. "A volta à pátria amada" reúne todos os elementos da mais alta poesia satírica brasileira. O poeta José Maria tomou emprestada a inocência do menino que teve a coragem de declarar nu o rei que os adultos viam vestido com os olhos da conveniência.

De novo em casa, na mesma (embora multiplicada por cem) Belo Horizonte em que foi jornalista e militante político movido pela ideia socialista (contra a qual não há vacina), José Maria reencontrou-se e, finalmente, perfilhou a identidade de poeta por tempo indeterminado. Não de uma vez, nem de peito aberto, mas experimentando e medindo as reações.

Abriu o segredo da confecção poética clandestina a um companheiro de exílio e também poeta, Edmur Fonseca, que – por se tratar de poesia – caiu das nuvens sem se ferir. De nada desconfiara Edmur, apesar de tantos anos de convivência no Chile, os dois trabalhando lado a lado no mesmo emprego. Não se contentou de ter sido o primeiro a saber e tratou de democratizar o privilégio. Por cima e por baixo do pedido de reserva, a confidência se expandiu por si mesma.

Edmur tornou-se arauto e avalista histórico da poesia de José Maria junto aos amigos, muitos deles nomes conhecidos nos meios intelectuais. Ficou inevitável a pressão para publicar o livro da revelação tardia, mas em tempo de alargar a presença da poesia participativa na literatura brasileira.

Sobram motivos mas faltam poetas com disposição para trabalhar versos de conteúdo político, sem recorrer a pieguices e a cacos oratórios. José Maria saiu na frente e advertiu os leitores de que não apelou para "experimentalismos estruturais" e "inovações linguísticas". Fez poesia com pés no chão, apta a ir longe no alargamento de uma trajetória do tamanho de nossas carências no setor.

Residência Provisória pode fundar descendência no Brasil e ser marco poético, pelo menos, para mostrar que é possível tecer versos de natureza política em um tom abaixo das estridências discursivas e proselitistas.

No regresso à própria casa, o poeta tardio montou a ourivesaria, reelaborando artesanalmente os versos, para concluir uma obra considerada, pelos que como das mais bem logradas do ponto de vista formal, sem prejuízo do denso conteúdo de cada uma de suas composições.

A poesia de José Maria sai às ruas como expressão de uma experiência ímpar na literatura nacional, de um livro de poesia totalmente escrito no exílio e pleno de sugestões para a busca de novos e férteis caminhos.

José Aparecido de Oliveira

(1929-2007)

Nasceu em Conceição do Mato Dentro, Minas Gerais, filho de Modesto Justino de Oliveira e de Araci Pedrelina de Lima. Casado com Maria Leonor Gonçalves teve dois filhos, Maria Cecília e José Fernando.

Homem público por vocação, essencialmente jornalista.

Passou por colégios nas cidades mineiras de São João Evangelista, Araxá e Ouro Preto.

Já em Belo Horizonte começou no jornalismo como comentarista político do jornal *Informe Comercial.* Foi redator do Serviço de Radiodifusão do Estado de Minas Gerais. Colaborou na Rádio Inconfidência e nos *Diários Associados*. Foi redator e politicamente atuante na gestão do *Correio do Dia*, jornal da UDN, partido ao qual era filiado.

Foi secretário particular do ex-presidente Jânio Quadros (1961), tornando-se depois deputado federal pela UDN. Foi governador do Distrito Federal de 1985 a 1988 e Ministro da Cultura no governo do presidente José Sarney. Embaixador do Brasil em Portugal, nomeado por Itamar Franco, foi um dos fundadores da Comunidade dos Países de Língua Portuguesa.

Publicou *Inquérito do Banco do Brasil* (1973), *Serro, uma campanha pela memória nacional* (1973), *Consciência crítica* (1978), *Clodomiro de Oliveira* e a *Itabira Iron* e *Brasília:* uma sinfonia.

Viveu a política como uma religião.

A ARTE DE NEGOCIAR DIVERGÊNCIAS

Faltando três meses para o fim da Segunda Guerra, vamos encontrar - na terra de ninguém, gerada pelo desmoronamento do Estado Novo - José Aparecido, com os olhos juvenis voltados para a vida pública, no meio dos que se alfabetizaram politicamente com a guerra. Desde cedo, Aparecido moldou o perfil de traços republicanos que fizeram dele presença marcante na geração marginalizada, na Constituinte de 1946 e no novo contexto histórico, pelos políticos sobreviventes de 1930 e 1937. A nova geração não demorou a se sentir preterida com a perda do seu momento histórico. Mas compreendeu e se calou. A geração anterior e a nova iriam se ajuntar no mesmo espaço e colher juntas, 20 anos depois, a mesma frustração e a nova ditadura. Juntas viveram as grandes tensões da democracia e a ressurreição da consciência nacionalista.[1]

---

1 Publicado em *E a vida continua:* a trajetória profissional de Wilson Figueiredo (2011) e em *José Aparecido de Oliveira*: o melhor mineiro do mundo, livro organizado por Petrônio Gonçalves. Santos (SP): Editora Realejo Livros, 2016.

Não era comum, nas condições da época, um jovem entrar na posse da cidadania aos 16 anos e optar pela militância política de que se aproveitou a classe média na avalanche democrática. Desde os nove anos, Aparecido era arrimo de família e, por morte do pai, assumiu a responsabilidade de ajudar a mãe a criar os três filhos menores. Não tendo vida universitária, por onde passava a via principal de acesso à politização, seu batismo cívico se deu como eleitor e na vida sindical do jornalismo. Somou à atividade profissional a iniciação na vida pública, que o inebriava antecipadamente no convívio com as grandes figuras da época. O jornalismo fez a ponte. O primeiro emprego público foi a chefia do jornal falado da Rádio Inconfidência, que o elevou à vida sindical em dupla com o repórter (em tempo integral e exclusivo) Marcelo Tavares, e às primeiras relações políticas. Curso superior da arte de negociar divergências.

Três anos depois, Aparecido já dirigia a opinião editorial do *Correio de Minas*, o jornal da UDN mineira improvisado para represar a história e inibir, em vão, a repercussão federal do governo mineiro de JK. Desenvolveu incansável capacidade de lidar com dificuldades alheias e apurou o sexto sentido de articulador de soluções difíceis por natureza. O estilo mineiro de relacionamento político assentou-lhe bem. Não há memória de inimizade que tenha sobrevivido às razões que a geraram. Ganhou fama na arte de fazer amigos e se recompor com adversários. Conquistou, à primeira vista, a confiança de Jânio Quadros que, terminada a campanha eleitoral, o convidou para o governo. Data de antes a capacidade de Aparecido conviver cordialmente com contrários. Respeitava os comunistas e deles divergia letalmente nas assembleias e congressos.

Desconfiava, como o pensador Alain Touraine, dos que se deixam atropelar pelo sofisma que nega razão para a existência de esquerda e direita do século XX. Ganhou dos comunistas e perdeu para eles eleições, sem deles perder confiança. Levou do sindicalismo para a política esse crédito de tolerância, que lhe valeu também a reciprocidade da direita. Foi testado e aprovado por três governos. Jânio e Tancredo (que não governou) estão mortos, mas quem tiver dúvidas, José Sarney continua aí para o testemunho.

ÍNDICE ONOMÁSTICO

K

L

M

N

O

P

Q

https://www.facebook.com/GryphusEditora/

twitter.com/gryphuseditora

www.bloggryphus.blogspot.com

www.gryphus.com.br

Este livro foi diagramado utilizando a fonte Minion Pro e
impresso pela Gráfica Imos, em papel off-set 90 g/m² e
a capa em papel cartão supremo 250 g/m².